Ulrich Coenen

Egon Eiermann in Mittelbaden

Anmerkungen zu seinen Villen in Baden-Baden und seinen Gewerbebauten in Offenburg

Ulrich Coenen

Egon Eiermann in Mittelbaden

Anmerkungen zu seinen Villen in Baden-Baden und seinen Gewerbebauten in Offenburg

Herausgegeben von der

Knapp-Stiftung für Architektur und Städtebau

Aachen und Baden-Baden 2023

Impressum

DVG-Aachen

Verlag Mainz | Ratgeber & Sachbücher

Süsterfeldstraße 83

52072 Aachen

ISBN 978-3-95886-510-5

Printed in Germany

Für Nike und Steffen

Inhaltsverzeichnis

Geleitwort des Herausgebers

Als Schüler von Egon Eiermann ist es mir eine Freude, das Geleitwort zu Dr. Ulrich Coenens Buch „Egon Eiermann in Mittelbaden“ zu schreiben.

„Form follows function“

Egon Eiermann ist mit Walter Gropius, Ludwig Mies van der Rohe und dem Bauhaus zu sehen. Als Professor an der TH Karlsruhe gehörte er nach dem Krieg zu denen, die eine neue Generation junger Architekturstudenten maßgeblich beeinflussten.

Inwieweit sich Eiermanns Projekte und Sichtweisen über die Zeit wandelten, beschreibt Ulrich Coenen ebenso anschaulich wie fesselnd. Er zeigt Eiermanns Weg und Rolle zur Industriearchitektur in Mittelbaden.

Als Student an der Technischen Hochschule machte ich mein Diplom 1955 am Lehrstuhl von Egon Eiermann. Die Architektur und Stadtplanung der skandinavischen Länder Finnland, Dänemark und Schweden waren nach 1945 auch an den weiteren Lehrstühlen wie O. E. Schweitzer, A. Haupt und E. Müller an der TH Karlsruhe in den Vorlesungen aufgegriffen worden.

Ich war von Eiermanns Vorlesungen und der Mitarbeit in kleinen Studiengruppen fasziniert. Als er mir bei einer Anfrage aus Stockholm, nach Schweden zu gehen, behilflich war, zögerte ich nicht, setzte mich in meinen Fiat Topolino und fuhr nach Norden und verbrachte dort fünf Jahre in schwedischen Planungsbüros.

Die „Knapp-Stiftung für Architektur und Städtebau“ in der Region Stadt Baden-Baden / Landkreis Rastatt / Ortenaukreis hat das Buchprojekt von Dr. Ulrich Coenen sehr gerne unterstützt.

Dipl.- Ing. Heinz J. Knapp

VORWORT

Dieses kleine Buch basiert auf zwei Serien über Egon Eiermann, die ich für die Badischen Neuesten Nachrichten (BNN) geschrieben habe. Dass diese Serien zu einem späteren Zeitpunkt in einer wissenschaftlichen Form veröffentlicht werden, war von Anfang an meine Absicht.

Meine Beschäftigung mit Egon Eiermann begann Ende 2020, kurz nachdem Thomas Nitschke und Heiner Oppermann die Villa Eiermann in Baden-Baden erworben hatten. Sie ließen das Wohnhaus, das Eiermann für sich und seine Familie gebaut und 1962 bezogen hat, nach Plänen von „NO W HERE Architekten" (Stuttgart) sanieren. Die Baden-Badener Stadtkonservatorin Nicole Schreiber zeigte sich 2021 im Interview mit mir für die Badischen Neuesten Nachrichten begeistert: „Würden alle Denkmaleigentümer in Baden-Baden wie die beiden Herren agieren, hätten wir keine Probleme."

Die Sanierung der Villa Eiermann, die vom Landesamt für Denkmalpflege Baden-Württemberg nach Paragraf 12 des Denkmalschutzgesetzes als „Kulturdenkmal von besonderer Bedeutung" eingestuft wird, war für mich der erste Anlass für eine Auseinandersetzung mit dem Architekten. Während die Arbeiten noch liefen, erschien am 10. Februar 2021 eine erste Sonderseite in den Badischen Neuesten Nachrichten, [1] nach deren Abschluss am 11. September 2021 die zweite. [2] Nicht allein wegen der beachtlichen Resonanz der Leser wuchs mein bauhistorisches Interesse an diesem Thema. In mehrmonatiger Arbeit habe ich in meiner Freizeit eine 14-teilige Serie über

---

[1] *Ulrich Coenen: Karlsruher Stararchitekt: Egon Eiermann baute für seine Familie in Baden-Baden. In: Badische Neueste Nachrichten (Ausgabe Mittelbaden) 10. Februar 2021 (Nr. 33).*

[2] *Ulrich Coenen: Meisterwerk der Moderne: Haus Eiermann in Baden-Baden. In: Badische Neueste Nachrichten (Ausgabe Mittelbaden), 11. September 2021 (Nr. 210).*

die beiden Eiermann-Villen in Baden-Baden geschrieben, die sich neben Eiermanns eigenem Wohnhaus auch der etwas älteren Villa Hardenberg widmet.

Vom 5. Januar bis zum 14. Februar 2022 ist schließlich die 14-teilige Serie „60 Jahre Eiermann in Baden-Baden“ in den mittelbadischen Ausgaben der Badischen Neuesten Nachrichten und auch im Badischen Tagblatt erschienen, das bereits damals mit den BNN eine Redaktionsgemeinschaft bildete. Auch in diesem Fall war der Zuspruch der Leser sowohl im Hinblick auf die Printausgabe als auch auf die Onlineversion sehr erfreulich.

Ich habe mich deshalb im Laufe des Jahres 2022 mit den beiden Gewerbebauten Eiermanns in Offenburg beschäftigt (Burda Moden und Stahlbau Müller). Eiermann hat nach dem Zweiten Weltkrieg vor allem als Architekt von Industrie- und Verwaltungsbauten internationale Bedeutung erlangt. Deshalb sind diese beiden Werke sehr viel mehr typisch für ihn als die Villen in Baden-Baden, die im Schaffen des Architekten einer Sonderstellung einnehmen. Meine 14-teilige Serie „70 Jahre Eiermann in Offenburg“ ist zwischen dem 2. Januar und dem 7. März 2023 in den beiden mittelbadischen Ausgaben der BNN erschienen. Die südliche Ausgabe in Bühl und Achern heißt Acher- und Bühler Bote.

Die beiden Villen und die beiden Gewerbebauten in Baden-Baden und Offenburg sind die einzigen Bauwerke, die Eiermann in Mittelbaden geplant und ausgeführt hat. So entstand die Idee, die Zeitungsserien in leicht veränderter Form zu diesem Buch zusammenzufassen.

Ich freue mich, dass Herr Dipl.-Ing. Heinz J. Knapp (Abb. 40) und seine von ihm im Jahr 2010 gegründete Knapp-Stiftung für Architektur und Städtebau dieses Buch herausgeben. Herr Knapp ist Schüler von Egon Eiermann und kommt in den beiden BNN-Serien und damit auch in der vorliegenden Publikation als Zeitzeuge zu Wort. Seiner Stiftung, die sich wichtigen Zielen widmet, bin ich von Beginn an als Mitglied des Stiftungsrats verbunden. Deshalb ist es schön, dass diese erste zusammenfassende Darstellung der vier Bauten von Egon Eiermann in Mittelbaden unter der Schirmherrschaft seines Schülers erscheinen kann.

Einen besonderen Schwerpunkt der beiden Serien in den BNN und damit auch dieses Büchleins bildet das Verhalten Eiermanns im Nationalsozialismus. Der Architekt legte in seiner Berliner Zeit zwischen 1933 und 1945 den Grundstein für seinen Erfolg als bedeutendster Architekt der jungen Bundesrepublik.

Eiermann war kein Nazi. Er hat aber das getan, was alle Deutschen getan haben, die in dieser Zeit beruflich erfolgreich sein wollten. Er hat sein Gewissen hintenangestellt und sich den gesellschaftlichen Rahmenbedingungen des verbrecherischen Regimes angepasst. Das haben nicht nur Architekten so gehalten, sondern Vertreter aller Berufsgruppen, denen ihre Karriere wichtig war. Nur so konnte der NS-Staat funktionieren.

Dass mit Müller und Burda nach dem Zweiten Weltkrieg in Offenburg gleich zwei Familien bzw. Unternehmen mit NS-Vergangenheit als Bauherren Eiermanns in Erscheinung traten, ist ebenfalls typisch. Wer im sog. Dritten Reich Erfolg hatte, konnte seine berufliche Laufbahn anschließend in der jungen Bundesrepublik meist lückenlos fortsetzen. Eiermann ist nicht nur der herausragende deutsche Architekt der Nachkriegszeit, er steht ebenfalls für eine typisch deutsche Karriere. Dies wird am Beispiel seiner Bauten in Mittelbaden deutlich.

Vor dem Hintergrund meiner Familiengeschichte interessiert mich die Persönlichkeit Eiermanns in besonderer Weise. Mein Großvater war der niederländische Kaufmann Cornelius Hubert Coenen (1894–1984), der seinen Lebensmittel-Großhandel nach der Hochzeit mit der Deutschen Sibylla Dohmen 1925 aus seiner limburgischen Heimatgemeinde Maasniel (heute Stadt Roermond) nach Niederkrüchten in Deutschland verlegte. In der Zeit der NS-Diktatur wurde er enteignet und entrechtet. Mit dem Bau der Villa Haus Brühl (Abb. 1) nach einem Entwurf des Jülicher Kreisbaumeisters Ernst Walther demonstrierte er im ehemaligen nationalsozialistischen „Musterdorf“ Merzenhausen (heute Stadt Jülich), dem Geburtsort seiner deutschstämmigen Frau, sein wiedergewonnenes Selbstbewusstsein. Dorthin hatte es die fast mittellose Familie mit drei Kindern verschlagen, nachdem ihr die Ausreise in die Niederlande von den deutschen Behörden 1939 verwehrt worden war. [3]

Walther war ein damals sehr junger Architekt und Baubeamter (geboren am 16. Dezember 1917), der an der RWTH Aachen ausgebildet worden war. Durch Professoren wie René von Schöfer und Hans Mehrtens geprägt, war er ein typischer Vertreter der Aachener Schule, die sich auch in der Nachkriegszeit mehr der Heimatschutzarchitektur als der klassischen Moderne verpflichtet fühlte. Walther steht damit also in deutlichem Kontrast zu Eiermann, der immerhin über 13 Jahre älter ist und damit fast schon einer anderen Generation angehört.

Die Heimatschutzarchitektur als traditionelle Form der Moderne wird gerne als NS-Stil diffamiert. Das ist kompletter Unsinn, weil es diesen Stil bereits lange vor 1933 gab und viele seiner Protagonisten (wie Wilhelm Kreis) in der Weimarer Zeit nichts mit den Nazis zu tun hatten. Hätte mein Großvater die Heimatschutzarchitektur mit den vom ihm als „Tiere" bezeichneten Nazis identifiziert, wäre Haus Brühl in dieser Form nicht entstanden. [4]

Ein weiterer Punkt erscheint mir wichtig. Auf die Kontinuität der „Leistungsträger" in der NS-Zeit und der jungen Bundesrepublik habe ich bereits hingewiesen. Diese betraf Architekten wie Eiermann, aber auch seine Bauherren wie den Offenburger Unternehmer Gustav Müller. Selbstverständlich gab es diese Kontinuität auch im kleinen Dorf Merzenhausen mit nur 400 Einwohnern, in dem in der NS-Zeit nur vier erwachsene Männer keine Mitglieder der NSDAP waren. Nach 1945 hatte mein Großvater mit den Leuten, die ihn zuvor geschnitten oder sogar verachtet hatten, wieder geschäftliche und gesellschaftliche Kontakte, bis hin zum gemeinsamen Kegelclub. Der Grund ist offensichtlich. Es gab in der jungen Bundesrepublik keine anderen. Diese Feststellung ist auch für die Architekturgeschichte nach 1945 von Bedeutung.

---

[3] *Das Leben meines Großvaters beschreibe ich in diesem Buch: Ulrich Coenen: Zwischen den Grenzen. Eine Lebensgeschichte, Aachen, Jülich 1993.*

[4] *Ulrich Coenen: Die Unmöglichkeit einfacher Zuschreibungen. In: Arch+ features 96 (2019) – Rechte Räume. Reaktionen, S. 215 f.*

Ich will in diesem Buch aber auch versuchen, mich der Persönlichkeit von Egon Eiermann anzunähern. Dies geschieht durch Gespräche mit Zeitzeugen wie seinem Schüler Heinz Knapp und seiner Tochter Anna Eiermann (Abb. 43), aber auch durch Quellen wie Briefe des Architekten. Eiermann war ein großer Architekt und ein bedeutender Protagonist der Nachkriegszeit, aber eben auch ein widersprüchlicher Charakter mit Stärken und Schwächen. Ein Gespräch mit Andreas Eiermann, dem Sohn Egons, der ebenfalls Architekt ist, kam trotz meiner Bemühungen nicht zustande.

Diese Veröffentlichung stellt auch in technischer Hinsicht für mich ein Novum dar. Um die Herstellungskosten bei kleiner Auflage gering zu halten, musste ich Layout und Korrekturen selbst übernehmen. Letzteres blieb in der Familie. Ich danke meiner Frau Dr. rer. nat. Gönna Fedders und meinem Sohn Steffen Coenen M. Ed. für die kritische Durchsicht des Manuskripts.

Ich danke auch Herrn Professor Dr. phil. Johann Josef Böker, Emeritus für Baugeschichte an der Fakultät für Architektur des Karlsruher Instituts für Technologie (KIT). Er hatte als Erster die Idee, aus meinen beiden BNN-Serien ein Buch zu machen und zwar zu einem Zeitpunkt, als ich selbst daran noch nicht gedacht habe. Ich danke Hans Böker, an dessen Lehrstuhl ich viele Semester lang Lehrbeauftragter war, auch für die Lektüre meines Manuskripts und seine mutmachenden Anmerkungen dazu.

Herrn Marcel Mainz danke ich für die Aufnahme in sein Verlagsprogramm. Dem Verlag Mainz in Aachen bin ich bereits seit 1987 und meinem damaligen Buch über die Baudenkmäler des Kreises Aachen als Autor verbunden. Damals war der Großvater Alexander Mainz für das Verlagsprogramm verantwortlich.

Haus Brühl, im Oktober 2023

Ulrich Coenen

1. Zur Biografie Eiermanns

1.1 Eiermanns Bedeutung für Karlsruhe und Baden

Egon Eiermann ist der bedeutendste Architekt für Gewerbe- und Verwaltungsarchitektur der Nachkriegszeit in Deutschland. „Von den Bauaufgaben, die früh und angemessen in Deutschland ihre Artikulation gefunden haben, ragen Fabrik- und Bürobauten hervor“, meint Udo Kultermann. „Egon Eiermanns Taschentuchfabrik in Blumberg (1951) war einer der prominentesten Bauten der Nachkriegszeit.“ [5]

Obwohl Eiermann 1947 als Professor an die Architekturfakultät der Technischen Hochschule Karlsruhe (heute Karlsruher Institut für Technologie) berufen wurde und sich seitdem auch sein Büro in der früheren badischen Landeshauptstadt befand, ist die Zahl seiner Werke in Baden nicht groß. Eiermann baute an vielen Orten Deutschlands und auch im europäischen und außereuropäischen Ausland. In seiner Wahlheimat, in der er fast zweieinhalb Jahrzehnte die Ausbildung des Architektennachwuchses prägte, entstanden nur wenige Gebäude nach seinen Entwürfen (Abb. 8).

Annette Ludwig und Hansgeorg Schmitt-Bergmann stellen in ihrem Architekturführer Karlsruhe treffend fest: „Doch nicht Eiermann, der in Karlsruhe lediglich das Versuchskraftwerk der Universität (TH) (1951–56, Abb. 12) und das Gebäude der DEA-Scholven GmbH (1961–63) errichten konnte, sondern der gleichaltrige Erich Schelling (1904–1986), der seit 1937 als freier Architekt an der Umgestaltung des annektierten Straßburgs beteiligt gewesen war, avancierte zum Karlsruher Baumeister der Nachkriegsmoderne.“ [6] Gleichzeitig sei Eiermann mit den Pavillons der Weltausstellung in Brüssel (1958 mit Sep Ruf), der Kaiser-Wilhelm-Gedächtniskirche in Berlin (1959–63),

---

[5] *Udo Kultermann: Die Architektur im 20. Jahrhundert, 4. Aufl., Köln 1985, S. 155.*

[6] *Annette Ludwig, Hansgeorg Schmitt-Bergmann, Bernhard Schmitt: Karlsruhe – Architektur im Blick, Karlsruhe 2005, S. 142.*

dem Abgeordnetenhaus des Deutschen Bundestages (sog. Langer Eugen 1965–69) und den Olivetti-Türmen in Frankfurt (1972) der „Wiederanschluss der deutschen Architektur an die internationale Moderne“ gelungen.

Die Egon-Eiermann-Gesellschaft hat 2001 eine Dokumentation aller Eiermann-Bauten in Baden-Württemberg publiziert, die neben dem badischen auch den württembergischen Landesteil umfasst und insgesamt 13 Objekte auflistet. [7] Von diesen befinden sich elf in Baden. Sämtliche Gebäude in Baden-Württemberg sind erst in der Nachkriegszeit entstanden. Es ist erstaunlich, dass von den badischen Bauwerken gleich vier in zwei mittelgroßen Städten in Mittelbaden stehen, nämlich Baden-Baden und Offenburg. Die beiden Wohnhäuser in Baden-Baden, die in den Jahren um 1960 errichtet wurden, sind eine Reminiszenz an das Berliner Frühwerk des Architekten, der seine freiberufliche Tätigkeit dort 1931 begann. In den 1930er Jahren hat Eiermann eine Reihe bedeutender Einfamilienhäuser geschaffen.

Diese Karriere setzte er nach 1945 ganz bewusst nicht fort. Mit Ausnahme der Siedlung für die Siedlungsnotgemeinschaft in Hettingen im Odenwald (1946–48) entstanden lediglich die beiden Villen in Baden-Baden: Villa Hardenberg (1958–60) und das eigene Wohnhaus des Architekten (1959–62). Obwohl sie im Nachkriegswerks Eiermanns ein Alleinstellungsmerkmal haben, markieren sie den Höhepunkt seiner Tätigkeit als Schöpfer von Wohnhäusern. Dass die beiden Häuser in Baden-Baden errichtet wurden, ist im Hinblick auf die dortige Villenkultur kein Zufall. Die Villa ist eine typische Bauaufgabe der Kurstadt.

Im Grunde war dem erfolgreichen Eiermann nach dem Zweiten Weltkrieg die Arbeit mit der anspruchsvollen Bauherrschaft von Einfamilienhäusern im Hinblick auf finanziellen Ertrag und Prestigegewinn zu gering. Er hat dies auch deutlich zum Ausdruck gebracht. „Mein letztes Wohnhaus entstand 1938. Ich konnte und wollte dann auch keins mehr bauen“, schreibt Egon Eiermann über die Villa Hardenberg. Die Aufgabe bestehe darin, Menschen zu verbinden und deren Leben wertvoll zu machen, Lebensraum zu schenken und Glück zu formen.

---

[7] *Egon Eiermann - Bauten in Baden-Württemberg 1946–1972, hrsg. von der Egon Eiermann Gesellschaft, Karlsruhe 2001.*

Daneben erscheine es einfach, Verwaltungsgebäude oder Fabriken zu bauen. [8]

Bereits während der NS-Zeit widmete sich Eiermann neben Einfamilienhäusern dem Industriebau. Beide Gattungen gestatteten dem Architekten unter dem Einfluss der nationalsozialistischen Architekturdoktrin eine größere künstlerische Freiheit als öffentliche Bauten.

1.2 Eiermann und die Nazis

Eiermann gilt als der wohl bedeutendste deutsche Architekt, der die Moderne nach der Machtübernahme durch die Nationalsozialisten 1933 über die NS-Zeit hinweg in die junge Bundesrepublik rettete. Abseits von nationalsozialistischen Repräsentationsbauten, die dem Neoklassizismus huldigten, habe er sich – so der allgemeine Tenor – zwischen 1933 und 1945 bewusst den Nischen Industriebau und Einfamilienhaus zugewandt, die weniger unter dem Druck des NS-Architekturdoktrin gestanden hätten. Jürgen Joedicke stellt in seiner Architekturgeschichte des 20. Jahrhunderts fest: „Seine Bauten in den dreißiger Jahren, Wohnhäuser und vor allem Industriebauten, sind ein nachdrücklicher Hinweis auf eine kleine, aber wirksame Strömung, die sich gegenüber dem totalen Machtanspruch der Nationalsozialisten behaupten konnte." Nach Kriegsende habe Eiermann dann als einer der wenigen deutschen Architekten unmittelbar an die dreißiger Jahre anknüpfen können. „Die 1951 erbaute Taschentuchweberei in Blumberg wirkte auf junge Architekten in Deutschland wie das Fanal einer neuen, kommenden Baukunst." [9]

Die Initiative zur Reinwaschung der jungen modernen Architekten von den Makeln des Nationalsozialismus ging 1947 von Rudolf Lodders aus, der vermutlich nicht ganz uneigennützig den Begriff der „Zuflucht im Industriebau" geprägt hat und von untergetauchten Architekten spricht, denen Hitler in eben diesem Industriebau ein Ventil gelassen

---

[8] *Egon Eiermann: Wohnhaus der Familie des Grafen Hardenberg. In: Architektur und Wohnform 1 (1962), S. 1–12.*

[9] *Jürgen Joedicke: Architekturgeschichte des 20. Jahrhunderts von 1950 bis zur Gegenwart, Stuttgart 1990, S. 60.*

habe. [10] Diese Auffassung gilt eigentlich seit Joachim Petsch als wissenschaftlich überholt. „Es wäre nun völlig verfehlt, die Industriearchitektur im Dritten Reich als Oase moderner Architektur anzusehen", schreibt Petsch. „Denn die Verwendung moderner Formen und Materialien sowie räumlicher Konzessionen im Bereich der Nutzarchitektur war Teil der konservativen und nationalsozialistischen Architekturkonzeptionen, die den Bereich der Produktion als nicht kunstwürdig klassifizierten und dem folglich andere, nämlich ökonomische Gesetzmäßigkeiten – die Produktion zu optimalen Bedingungen – zuordneten." [11]

Dennoch beruft sich Immo Boyken in seinem Aufsatz über Eiermanns Werk der Nachkriegszeit 1984 ausdrücklich auf Lodders und schreibt: „Geblieben waren die Architekten, die sich den Architekturvorstellungen der Nationalsozialisten nicht gebeugt hatten und deshalb durch das Regime in ihrem schöpferischen Impetus behindert und in ihrer schöpferischen Freiheit eingeschränkt waren." Industriearchitektur sei wegen ihrer starken funktionalen Bindung kaum als pompöse Kulisse für nationalsozialistische Machtdemonstration geeignet und hätte sich deshalb der stilistischen Gleichschaltung entziehen können. [12] Jürgen Joedicke bezeichnet Eiermann noch 1990 als einen der wenigen Architekten, die sich dem „Diktat der Machthaber des Dritten Reiches" nicht gebeugt hätten.[13] Die Legende vom Widerstand der modernen Architekten im NS-Staat lebt also trotz neuer Erkenntnisse fort und sie tut es bis heute.

---

[10] *Rudolf Lodders: Zuflucht im Industriebau. In: Baukunst und Werkfom – Monatszeitschrift für alle Gebiete der Gestaltung 1 (1947), S. 37–44.*

[11] *Joachim Petsch: Baukunst und Stadtplanung im Dritten Reich. Herleitung, Bestandsaufnahme, Entwicklung, Nachfolge, München und Wien 1976, S. 156.*

[12] *Immo Boyken: Die Architektur Eiermanns aus der Zeit nach dem Zweiten Weltkrieg. In: Wulf Schirmer (Hrsg.), Egon Eiermann 1904–1970. Bauten und Projekte, Stuttgart 1984, S. 59–71.*

[13] *Jürgen Joedicke: Wiederaufbauzeit – Anknüpfen an die Moderne der zwanziger Jahre. In: Karl-Wilhelm Schmitt (Hrsg.), Architektur in Baden-Württemberg nach 1945, Stuttgart 1990, S. 17–32.*

Der Schwerpunkt der wissenschaftlichen Forschung liegt meist auf dem bedeutenderen Nachkriegswerk Eiermanns. Um Eiermanns Zeit vor 1945 haben sich deshalb viele Legenden entwickelt. Der Aufsatz von Rudolf Büchner, der gleichzeitig mit Eiermann Professor an der Fakultät für Architektur in Karlsruhe war (für das Fach Baukonstruktion), ist verharmlosend. Büchner schreibt in dem von Wulf Schirmer herausgegebenen Standardwerk über die Berliner Zeit Eiermanns und übergeht dessen Tätigkeit für den NS-Staat und seine Protagonisten weitgehend. [14] „Er hat jede von ihm übernommene Bauaufgabe aus gleicher Gesinnung und mit gleicher Tatkraft durchgeführt", urteilt Büchner. [15] Noch problematischer ist die Rede von Rudolf Hillebrecht anlässlich der Verleihung des Ordens Pour le Mérite an Eiermann 1970. Hillebrecht sagte: „Die Zeitumstände und insbesondere seine politische Haltung diesen gegenüber ließen Eiermann während der dreißiger Jahre auf den Industriebau ausweichen."[16]

Mit den Legenden hat Sonja Hildebrand in ihrer mutigen Dissertation mit dem Fokus auf die Berliner Zeit des Architekten aufgeräumt. [17] Zwar war Eiermann kein Parteimitglied, doch sind seine Verwicklungen in den Nationalsozialismus offensichtlich. Er arbeitete maßgeblich an der Propagandaausstellung „Gebt mir vier Jahre Zeit!" im Jahr 1937 auf dem Messegelände in Berlin mit [18], die "offiziell als Rechenschaftsbericht über die ersten vier Jahre des nationalsozialistischen Aufbauwerks" galt. [19] Eiermann hatte sich 1936 an einem vom Propa-

---

[14] *Rudolf Büchner, Eiermanns Berliner Zeit. In Schirmer, S. 18–23.*

[15] *Büchner, S. 18.*

[16] *Rudolf Hillebrecht: Gedenkworte für Egon Eiermann. In: Orden Pour le Mérite der Wissenschaften und Künste – Reden und Gedenkworte, Bd. 10, Heidelberg 1970/71, S. 138.*

[17] *Sonja Hildebrand: Egon Eiermann – Die Berliner Zeit. Das architektonische Gesamtwerk bis 1945, Braunschweig 1999.*

[18] *Christoph Kivelitz: Die Propagandaausstellung in europäischen Diktaturen, Berlin 1999, S. 92–95.*

[19] *Kivelitz, S. 92–95.*

gandaministerium ausgeschriebenen Wettbewerb für die Schau beteiligt, die unter der Schirmherrschaft von Joseph Goebbels stand und von Hitler persönlich eröffnet wurde. Eiermann gestaltete die Halle II und den Filmraum. Ein Sündenfall ist zweifellos das 20 Meter hohe „Führerportrait“ [20] in der Ausstellungshalle, umgeben von Maschinen, Motoren und Waffen, die die Dynamik des NS-Staats zeigen sollten. Hitler war hingerissen. "Führer ist begeistert", schrieb Goebbels in sein Tagebuch. [21]

Sonja Hildebrand urteilt, dass Eiermann die ihm übertragenen Aufgaben im Dienst der staatlichen Propaganda erfüllt habe, [22] und vermutet, dass es gerade Eiermanns moderne Architekturauffassung im Kontrast zur monumentalen Ehrenhalle Hans Hitzers war, die ihn den Verantwortlichen im Propagandaministerium als geeigneten Architekten für gerade diese Aufgabe erscheinen ließ. [23]

Eiermann hat keineswegs, wie immer wieder behauptet, in den 1930er Jahren nur in einer modernen Formensprache entworfen. In den Jahren 1937 und 1938 baute er im Auftrag der Wehrmacht in ausgesprochen traditionellen und an das System anbiedernden Formen die Pionierkaserne im brandenburgischen Rathenow, 50 Kilometer von Berlin entfernt gelegen. [24] Für diesen großen Auftrag "begab sich Eiermann auf ein Feld, auf dem er sich den dort herrschenden konservativen Bauvorstellungen beugen musste", schreibt Hildebrand. "Einen solchen Schritt sollte er jedoch kein zweites Mal tun. Eiermann bewahrte die Abstinenz gegenüber bestimmten Bauaufgaben offenbar primär aus seinem künstlerischen Selbstverständnis heraus, demgegenüber scheinen für ihn Fragen der politischen

---

[20] *Kivelitz nennt als Höhe 20 Meter (S. 94), Hildebrand "nur" 18 Meter (S. 141).*

[21] *Elke Fröhlich (Hrsg.): Die Tagebücher von Joseph Goebbels, Sämtliche Fragmente, München, New York, London, Paris 1987, S. 129.*

[22] *Hildebrand 1999, S. 148.*

[23] *Hildebrand 1999, S. 236.*

[24] *Hildebrand 1999, S. 148–152.*

("Gebt mit vier Jahre Zeit!") oder später auch der (kriegs-)wirtschaftlichen Indienstnahme (Fabrikanlagen) eine deutlich untergeordnete Rolle gespielt zu haben."

In ihrem neueren Aufsatz "Die Selbstgewissheit der Moderne" wirft Hildebrand Eiermann vor, „mit seinem Erweiterungsbau für die Totalwerke in Apolda (1938/39, Abb. 2 und 3) auch Maßgaben nationalsozialistischer Arbeitspolitik" umgesetzt zu haben und „in den letzten Kriegsmonaten kreuz und quer durch das gesamte Deutsche Reich" gereist zu sein, „um zu seinen Baustellen zu gelangen, darunter auch (ungeliebte) Bunkerfabriken und Erdhäuser für Werftarbeiter". [25]

Ulrich Hartung weist darauf hin, dass die Moderne im Industriebau des sog. Dritten Reichs keinesfalls ein „Muss" war. Funktionale Gestaltungsformen seien auch hier nur in Randbereichen toleriert worden. Deshalb müsse zwischen den Arbeiten Eiermanns und seiner Kollegen Fritz Schupp, Martin Kremmer, Herbert Rimpl und Hans Hertlein unterschieden werden. Diese seien durchaus imstande gewesen, ihren strengen Kuben Pfeilerhallen oder auch Führerbalkone anzusetzen. [26]

In ihrer Gesamtheit sollte man die Architektur des Dritten Reiches differenziert sehen. Selbst in der NS-Ordensburg Vogelsang in der Eifel (Abb. 4) findet sich ein Hallenbad, das sich in seiner Architektursprache an der Neuen Sachlichkeit orientiert. [27]

---

[25] *Sonja Hildebrand: Die Selbstgewissheit der Moderne: Zum 50. Todestag von Egon Eiermann. In: Deutsche Bauzeitung 154 (2020), 7/8, Seite 12–13.*

[26] *Ulrich Hartung: Ein leidenschaftlicher Rationalist, Rezension zu Annemarie Jaeggi (Hrsg.), Egon Eiermann, Die Kontinuität der Moderne. In: Kunsttexte Nr. 3 (2005).*

[27] *Monika Herzog: Architekturführer Vogelsang, Köln 2007, S. 22 f.*

1.3 Eiermanns Werk bis 1945

Der Weg Egon Eiermanns zum Industriearchitekten der deutschen Nachkriegszeit scheint familiär ein Stück weit vorgegeben. Er wurde am 29. September 1904 als Sohn des Maschenbauzeichners Wilhelm Eiermann in Neuendorf bei Potsdam geboren. Als Chef des Konstruktionsbüros des Drewitz-Babelsberger Werks der Berliner Lokomotivfirma Orenstein und Koppel förderte er nach Einschätzung von Hildebrand das technisch-konstruktive Interesse des Sohnes, der aber gleichzeitig künstlerische Neigungen erkennen ließ und mit seinen Architekturzeichnungen bereits als 15-Jähriger Geld verdiente. [28] Nach dem Abitur am neusprachlichen Althoff-Realgymnasium 1922 und Praktika als Maurer, Zimmermann und Tischler begann Egon Eiermann 1923 mit dem Architekturstudium an der Technischen Hochschule Charlottenburg. Die dortigen Professoren wie Emil Rüster, Friedrich Seeßelberg und Erich Bluck waren meist konservativ und praxisfern.

Nach dem Urteil von Hildebrand wirkte die Berufung von Hans Poelzig Ende 1923 geradezu wie ein „Befreiungsschlag", obwohl Poelzig im Vergleich mit dem Bauhaus nur eine „gemäßigte Moderne" vertrat. [29] Hildebrand beschreibt Poelzig als zum Zeitpunkt seiner Berufung „berühmten Architekten und erfahrenen Lehrer", der „seinen Ruf im Wesentlichen auf seine Industrie- und Zweckbauten der Vorkriegszeit sowie die aufsehenerregenden expressionistischen Planungen der späten zehner und frühen zwanziger Jahre gründete". [30] Poelzig war bei den Studenten beliebt und hat den jungen Eiermann nachhaltig geprägt. „Und dann sammelte er so seine Leute um sich in einem merkwürdigen Ausscheidungsverfahren, an dem er gar keine Schuld hatte", berichtet Eiermann. Wer da nicht reinpasste, sei auf „irgendeine geheimnisvolle Weise rausgeboxt" worden. [31]

---

[28] *Hildebrand 1999, S. 16.*

[29] *Hildebrand 1999, S. 20.*

[30] *Hildebrand 1999, S. 21.*

[31] *zitiert nach Hildebrand 1999, S. 22.*

Eiermann legte 1927 die Diplomprüfung ab, war aber von 1925 bis 1928 gleichzeitig Poelzigs Meisterschüler an der Akademie der Künste, wo dieser seit 1920 ein Meisteratelier leitete. Das stand in enger Verbindung zu Poelzigs Büro.

Eiermann war Gründungsmitglied und führender Kopf der „Gruppe junger Architekten" (GJA), in der sich Poelzig-Schüler zusammenfanden. Diese vertrat, wie ihr Lehrer, eine gemäßigt moderne Architekturauffassung, grenzte sich deutlich vom radikal modernen Bauhaus, aber auch von der traditionellen Modernen ab, wie sie die Stuttgarter Schule vertrat. Nach Urteil von Hildebrand war die Abgrenzung gegen die Avantgardisten deutlich stärker als die gegen die Traditionalisten. [32]

Eiermanns erste Anstellung im Hamburger Büro der Karstadt AG ab 1928 verlief für den jungen Architekten enttäuschend. Er wechselte bereits im Jahr 1929 ins Baubüro der Berliner Städtischen Elektrizitätswerke AG (Bewag), wo er unter Leitung von Hans Müller anspruchsvolle Aufgaben übernahm und mit dem Umspannwerk Steglitz in den Jahren 1929 und 1930 sein erstes Gebäude realisierte. „Eiermann entwickelte den Entwurf in Auseinandersetzung mit dem herkömmlichen Industrie- und Zweckbau, den er im Sinne moderner Gestaltungsprinzipien interpretierte", urteilt Hildebrand. Sie findet die charakteristischen Merkmale des Frühwerks wie strenge Kubatur, auf ein Raster bezogene sorgfältige Fassadengliederung, Sichtmauerwerk und klare Form bereits in diesem Erstlingswerk mit seinem mit Mauerwerk ausgefachten Stahltragwerk. [33]

1931 machte sich Eiermann gemeinsam mit seinem Studienfreund Fritz Jaenecke in Berlin selbständig. Diese unter den schwierigen Bedingungen der Weltwirtschaftskrise begonnene Partnerschaft, in der der extrem ehrgeizige Eiermann der dominierende Part war, bestand bis 1934. [34] Das Büro baute vor allem Einfamilienhäuser. Nach Einschätzung von Hildebrand sei Eiermann zugutegekommen, dass er auch vor 1933 keine radikal-moderne Architekturauffassung vertreten

---

[32] *Hildebrand 1999, S. 28.*

[33] *Hildebrand 1999, S. 234 f.*

[34] *Hildebrand 1999, S. 46.*

habe. So habe er seinen Weg im sog. Dritten Reich mit einigen Einschränkungen fortsetzen können. [35]

Die bisherigen kleineren Aufträge reichten Eiermann bald nicht mehr. Weil die Architektur zu diesem Zeitpunkt durch die Nazis längst gleichgeschaltet war, musste er Kompromisse eingehen. „Diejenigen, die sich den nunmehr gültigen Richtlinien der nationalsozialistischen Baupolitik anpassten, konnten es rasch zu Ruhm und Ansehen bringen", meint Hildebrand. [36] Ab 1936 wandte sich Eiermann verstärkt dem Industriebau zu, der ab 1938 zu seinem hauptsächlichen Betätigungsfeld wurde. [37] Stilistisch garantierte ihm das eine gewisse Freiheit, politisch begab er sich damit aber in Abhängigkeit vom NS-System.

Hildebrand hat Planungen und Vorplanungen für insgesamt 20 Industrieanlagen und Industriekomplexe sehr unterschiedlicher Größe bis 1945 ermittelt. [38] Sechs Jahre nach der Fertigstellung des Umspannwerks begann Eiermann 1936 mit der Planung der Fabrikanlage der Deutsche Glasglühlicht Auer-Gesellschaft (Degea) in Berlin und damit seine Laufbahn als Industriearchitekt, mit der er den Grundstein für seine beispiellose Karriere in der Nachkriegszeit legte. Damit stellte er sich allerdings in den Dienst der Kriegswirtschaft, die in der zweiten Hälfte der 1930er Jahre von den Nazis massiv vorangetrieben wurde und in der Katastrophe des Zweiten Weltkriegs mündete.

Eiermanns erster Entwurf mit einem viergeschossigen flach gedeckten Baukörper mit Bandfassade erregte das Missfallen von Albert Speer, Generalbauinspektor für die Reichshauptstadt Berlin. Er stoppte diese Pläne, die seine größenwahnsinnigen Vorstellungen der neuen Reichshauptstadt „Germania" beeinträchtigten, im Jahr 1937.

---

[35] *Hildebrand 1999, S. 235.*

[36] *Hildebrand 1999, S. 80.*

[37] *Hildebrand 1999, S. 81.*

[38] *Hildebrand 1999, S. 154.*

Nach zwei Überarbeitungen wurde schließlich ein viergeschossiger Bau mit Lochfassade realisiert. [39] Das Stahlbetonskelett wird durch Ziegelverkleidung im Prüßverband verdeckt. Dieses Mauerwerk erinnert im Grundsatz an die traditionelle Moderne der 1920er Jahre. Mit der schmucklosen Flächigkeit der Wand, die ohne Gesimse auskommt und Fallrohre hinter der Mauer verschwinden lässt, sowie der Zusammenfassung der Fenster in Vierergruppen gelingt es Eiermann, einen modernen Akzent zu setzen.

Radikaler modern und im Hinblick auf Eiermanns Industriebauten der Nachkriegszeit wegweisend ist sein Gebäude für Total im thüringischen Apolda (Abb. 2 und 3), ausgeführt 1938/39. Das Unternehmen stellte Feuerlöscher und Großlöschanlagen her, auch für die Wehrmacht und im Krieg außerdem Granaten. [40] Eiermann orientierte sich beim zehnachsigen Erweiterungsbau am Bestand des in den Jahren 1906 und 1907 von Hermann Schneider entworfenen Gebäudes mit neun Achsen und schuf, wie Hildebrand schreibt, einen Stahlbetonskelettbau mit großen Fenstern, dessen konstruktives Gerüst die Fassadenwirkung maßgeblich bestimmt. [41]

Das wichtigste Projekt, das Eiermann während des Krieges – und zwar in den Jahren 1940 bis 1942 – verwirklichte, ist die Fabrikanlage der Märkischen Metallbau GmbH in Oranienburg (Brandenburg). Dort entstanden Fabrikationshalle, Verwaltungsgebäude, Kesselhaus und Pförtnerhaus.

Trotz des Stahlmangels im Krieg führte Eiermann ganz bewusst alle Bauten in Stahl- oder Stahlbeton aus, obwohl Kantine und Verwaltung auch in Mauerwerksbauweise möglich gewesen wären. „In Oranienburg favorisierte Eiermann zum ersten Mal derart entschieden moderne Bauweisen, eine Vorliebe, die in der Nachkriegszeit zu seinem

---

[39] Hildebrand 1999, S. 154–166. Sonja Hildebrand: „Ich weiß nicht, warum ich so eine traurige Berühmtheit bin" – Egon Eiermann in Berlin. In: Annemarie Jaeggi (Hrsg.), Egon Eiermann, Die Kontinuität der Moderne, Ostfildern-Ruit 2004, S.30–39.

[40] Hildebrand 1999, S. 166.

[41] Hildebrand 1999, S. 171.

hervorragenden Ruf als Architekt beitragen sollte", konstatiert Hildebrand. [42]

Eiermann hatte auch direkten Kontakt zu NS-Größen. Karl Brandt war nach dem Urteil von Hildebrand einer der wichtigsten Bauherrn Eiermanns in den 1940er Jahren.1943 schrieb Eiermann an seine erste Frau Charlotte Friedhelm über ihn „reizender Mann" [43], sah aber auch einen „tiefen Abgrund". [44] Brandt war seit 1934 Hitlers chirurgischer „Begleitarzt", SS-Gruppenführer und Generalkommissar für das Sanitäts- und Gesundheitswesen. Nach der Verurteilung im Nürnberger Ärzteprozess wurde er 1948 hingerichtet.

Hildebrand gelangt zur Überzeugung: „Eiermann war gewiss alles andere als ein politisch überzeugter Anhänger der Nationalsozialisten. Es kann aber nur eingeschränkt von einer unpolitischen Haltung gesprochen werden." Vielmehr handle es sich um einen Verdrängungsprozess. Eiermann habe sich anscheinend wesentlich über seine künstlerische Haltung definiert. [45]

Eiermann hat 1967 im Radio-Interview mit Harald von Troschke für den NDR berichtet, dass er in Berliner Studienzeiten mit Albert Speer befreundet war. Diese Freundschaft habe ein Ende gefunden, als Speer begann, für die Nationalsozialisten zu bauen. [46] Speer sei ein „recht begabter junger Mann gewesen", der „diesem Regime" und „einer unglücklichen Verstrickung" zum Opfer gefallen sei. Dafür habe er „hart und schwer büßen müssen".

Eiermann distanziert sich im Interview vom Neoklassizismus der NS-Zeit. „Wir jungen Leute konnten ja nicht diesen Hitler-Stil mitmachen", sagt er. „Unsere innere Verfassung war nicht so, [...] dass man diese

---

[42] *Hildebrand 1999, S. 183.*

[43] *zitiert nach Hildebrand 1999, S. 239.*

[44] *zitiert nach Hildebrand. In: Jaeggi, S. 38.*

[45] *Hildebrand 1999, S. 239.*

[46] *Harald von Troschke-Archiv. Radio-Interview mit Egon Eiermann für den Norddeutschen Rundfunk (NDR), https://troschke-archiv.de/interviews/egon-eiermann. Stand 11.8.2022.*

merkwürdige Architekturauffassung in Wirklichkeit hätte umsetzen können." Er habe sich dann mit dem Industriebau der einzigen Bauaufgabe zugewendet, „wo man nicht gezwungen war, Säulen zu bauen". Das habe im Krieg sein Leben gerettet, weil er „uk" (unabkömmlich) gestellt worden sei.

1.4 Architektur und Moral

Nun haben Architekten seit der Antike immer für skrupellose Herrscher und ihre Oligarchen gearbeitet. Die Frage, ob ein Architekt für einen Tyrannen und Kriegstreiber wie Ludwig XIV. oder einen ausbeuterischen Geschäftsmann wie den römischen Immobilienhai Marcus Licinius Crassus tätig sein darf, wurde in der Vergangenheit nie gestellt. Im Grunde tauchte sie erst nach dem Zweiten Weltkrieg auf und erstreckte sich auf Architekten, die sich in den Dienst des Nationalsozialismus gestellt hatten. Die Frage nach Stalins Architekten wie Hannes Meyer, der von 1930 bis 1936 in der Sowjetunion arbeitete und dort seine Lebensgefährtin Margarete Mengel und den gemeinsamen Sohn zurückließ, wurde kaum thematisiert.

Nach 1945 wurden nicht nur die Architekten verfemt, die Hitlers Monumentalbauten geplant hatten (wie Paul Ludwig Troost und Albert Speer), sondern auch die Vertreter der traditionellen Moderne, zu der die Stuttgarter Schule zählt. Diese stand in den 1920er Jahren im formalen und ideologischen Gegensatz zum Bauhaus und zur klassischen Moderne. Diese Konkurrenz, die bis zur offenen Feindschaft ihrer Protagonisten führte, war Auslöser einer der fruchtbarsten und abwechslungsreichsten Epochen der deutschen Architekturgeschichte, die mit dem sog. Dritten Reich endete.

Die Vertreter der traditionellen Moderne hatten 1933 den Vorteil, dass sie Hitler besser zusagte als die radikalere Bauhaus-Moderne. Während deren Protagonisten Walter Gropius und Ludwig Mies van der Rohe mit ihrer Anbiederung an Hitler scheiterten, waren die Vertreter der traditionellen Moderne, vor allem Paul Schmitthenner, erfolgreicher. Dabei waren die in den 1920er Jahren teilweise alles andere als rechtsradikal. [47] Wilhelm Kreis verlor als Stararchitekt der 1920er Jahre 1933 zunächst seine Ämter als Direktor der Kunstakademie Dresden und Reichsvorsitzender des Bundes Deutscher Architekten (BDA). Er war mit einer „Vierteljüdin" verheiratet und hatte bevorzugt für jüdische Bauherren gearbeitet. Doch auch er arrangierte sich mit dem NS-System, das seine Architektur schätzte und sich nun gerne mit dem international renommierten Kreis schmückte. [48]

Dass Schmitthenner nach 1945 als Professor an der Architekturfakultät der Universität Stuttgart von Vertretern der Moderne um Richard Döcker regelrecht abgesägt wurde, hat allerdings nach Meinung von Hartmut Frank mehr kulturelle als politische Hintergründe. Schmitthenner sei kaum mehr belastet gewesen als die Modernisten. Es sei vielmehr um die Gestaltung der deutschen Nachkriegsarchitektur gegangen. Mit dem Angriff auf den bekanntesten Vertreter der traditionellen Moderne sollte diese insgesamt als nazistisch diffamiert werden. [49]

Eiermann war im Gegensatz zu Schmitthenner, der der NSDAP offensichtlich aus Opportunismus 1933 beitrat, kein Parteimitglied. Obgleich auch Paul Bonatz, der zweite große Repräsentant der Stuttgarter Schule, niemals der NSDAP angehörte und sogar 1943 in die Türkei emigrierte, wird auch er – im Gegensatz zu Eiermann – gerne in die Nähe des Nationalsozialismus gerückt. Tatsächlich haben die Re-

---

[47] *Überzeugte Nazis wie Paul Schultze-Naumburg, der sich bereits im Laufe der 1920er Jahre radikalisierte, waren die Ausnahme.*

[48] *Zu Wilhelm Kreis: Winfried Nerdinger, Ekkehard Mai (Hrsg.): Wilhelm Kreis. Architekt zwischen Kaiserreich und Demokratie, München 1994. Siehe auch: Ulrich Coenen: Das Bauhaus und die Siedlung Dammerstock. Die Planungen von Walter Gropius und Otto Haesler für Karlsruhe. In: Badische Heimat. Zeitschrift für Landes- und Volkskunde, Natur-, Umwelt- und Denkmalschutz 1 (2020), S. 82–94.*

[49] *Hartmut Frank: Die „Stuttgarter Schule" im Wiederaufbau. In: Karl Wilhelm Schmitt (Hrsg.), Architektur in Baden-Württemberg nach 1945, Stuttgart 1990, S. 38–49.*

präsentanten der klassischen und der traditionellen Moderne während des sog. Dritten Reiches im gleichen Umfang Schuld auf sich geladen.

Weil die klassische Moderne nach 1933 die schlechteren Karten hatte, holten ihre Vertreter nach 1945 zum Gegenschlag aus, in dem sie sich nahezu zu Widerstandskämpfern stilisierten, die sie zumindest zum weitaus größten Teil nie waren.

Das hatte negative Konsequenzen für die Traditionalisten und erwies sich als Karriereschub für die Modernisten. Paul Schmitthenner verlor wegen seiner Verwicklungen in den NS-Staat seinen Lehrstuhl. Eiermann wurde dagegen 1947 an die Technische Hochschule Karlsruhe berufen.

Tatsächlich waren die meisten deutschen Architekten, die nicht emigrierten, in Politik und Gesellschaft des sog. Dritten Reiches eingebunden, weil sie, was typisch für eine totalitäre Staatsform ist, ohne dies keinen Auftrag erhalten hätten. Werner Durth beschreibt dies so: „Für jene Architekten, die als Baubolschewisten nicht in die Reichskammer aufgenommen wurden oder nicht Mitglied werden wollten, um nicht Teil des NS-Apparates zu werden, begann eine schwierige Suche nach Tätigkeitsfeldern." Diese seien meist nicht über Gelegenheitsarbeiten wie kleine Privatbauten, An- und Umbauten und anonyme freie Mitarbeit in anderen Büros hinausgegangen. [50]

Ein Architekt braucht für die Verwirklichung seiner Pläne einen finanzkräftigen öffentlichen oder privaten Bauherrn und die Zustimmung der Baubehörden. Beides war für Architekten in der Nazi-Diktatur nicht möglich, ohne sich mit dem System zu arrangieren. Wer dies tat, lud automatisch Schuld auf sich, weil seine Gebäude den verbrecherischen Staat stützten und häufig zur Vorbereitung und schließlich zur Verlängerung des Krieges beitrugen.

Die einfache Zuschreibung, klassische Moderne ist links und traditionelle Moderne ist rechts, funktioniert nicht. [51] Die Gleichsetzung der

---

[50] *Werner Durth: Deutsche Architekten. Biographische Verflechtungen 1900–1970, 5. Aufl., Stuttgart, Zürich 2001, S. 96.*

[51] *Coenen 2019, S. 15 f.*

klassischen Moderne bzw. des Bauhauses mit einer antifaschistischen Haltung ist schlichtweg ein Märchen, an dessen Fortsetzung Wissenschaftler aber immer noch gerne schreiben.

Spätestens seit dem Interview des Nachrichtenmagazins „Der Spiegel" mit Meinhard von Gerkan und Christoph Ingenhoven unter der Überschrift „Bauen für Despoten?" im Jahr 2008 ist das Thema in der Gegenwart angekommen. [52] In diesem Interview spricht sich Ingenhoven klar gegen Bauen für Diktaturen aus, während Gerkan dies verteidigt.

Gerkan argumentiert: „Wenn wir nun ausgerechnet nicht für China und nicht für Vietnam bauen dürften, dann dürften wir für die halbe Welt nicht bauen. Denn so viel blütenweiße Demokratien gibt es gar nicht. Und sollen deutsche Architekten – und zwar nur die, weder die Industrie noch der Handel noch der Mittelstand noch Ingenieure –, sollen die sich allen Ernstes die Hälfte der Erdkugel versagen? Ist diese Forderung nicht absurd?"

Einmal losgetreten, fand dieser Diskurs kein Ende. Am 25. Februar 2014 verteidigte Zaha Hadid im Gespräch mit dem „Daily Telegraph" die Planung eines Stadions für die umstrittene Fußball-Weltmeisterschaft in Katar 2022. Für Menschenrechte sieht sich die Architektin nicht zuständig. [53] Wolf Prix, Mitgründer von Coop Himmelb(l)au, baut im Auftrag von Putin ein Opernhaus in Sewastopol auf der Krim, die 2014 völkerrechtswidrig von Russland besetzt und annektiert wurde.

---

[52] *Susanne Beyer und Annette Bruhns: Bauen für Despoten? Interview mit Meinhard von Gerkan und Christoph Ingenhoven. In: Spiegel Special 4 (2008), S. 84–87.*

[53] *Ben Rumsby: Dame Zaha Hadid: It is not my duty to combat deaths of migrant workers in Qatar ahead of 2022 World Cup, The Telegraph, 25.2. 2014. https://www.telegraph.co.uk/sport/football/world-cup/10661347/Dame-Zaha-Hadid-It-is-not-my-duty-to-combat-deaths-of-migrant-workers-in-Qatar-ahead-of-2022-World-Cup.html, Stand 2.8.2022.*

„Architektur ist Kunst, und Kunst kennt weder Sanktionen noch Grenzen", erklärte Prix am 1. April 2022, also nach dem Überfall von Putins Truppen auf die Ukraine, gegenüber dem „Spiegel". [54]

Der gebürtige Karlsruher Ole Scheeren, der ein Büro in Peking unterhält, wurde bereits als „Hofbaumeister von Diktatoren" bezeichnet. [55] Zu seinen wichtigsten Werken zählt die 2012 vollendete Zentrale des staatlichen chinesischen Fernsehsenders China Central Television (CCTV). Das Zentrum für Kunst und Medien (ZKM) in Karlsruhe hat Scheeren vom 10. Dezember 2022 bis 4. Juni 2023 mit der Ausstellung „ole scheeren: spaces of life" geehrt. In der von Peter Weibel kuratierten Ausstellung wurde die Problematik der Arbeit Scheerens und anderer Architekten für Diktaturen nicht thematisiert.

Der US-amerikanische Architekt Philip Johnson (1906–2005), dem Sympathie für den Nationalsozialismus und Antisemitismus vorgeworfen werden, hat in einem Interview über seine Berufsmoral unumwunden geäußert: „Ich würde auch für den Teufel persönlich bauen. Wer mich beauftragt, kauft mich. Ich bin käuflich. Ich bin eine Hure. Ich bin ein Künstler." [56] Auch Hitler und Stalin hätte er als Bauherren akzeptiert. [57]

---

[54] *Susanne Beyer, Ulrike Knöfel: Kann man gegen den Krieg sein – und trotzdem für Putin arbeiten? In: Der Spiegel 14 (2022), https://www.spiegel.de/kultur/wolf-prix-und-seine-bauten-in-russland-kann-man-gegen-den-krieg-sein-und-trotzdem-fuer-putin-arbeiten-a-e1d0bc2e-ae2f-4fd7-a1aa-8b31fb7aa4e1, Stand: 6.8.2022*

[55] *Sebastian Moll: Herr der Türme, spiegel.de, 15.11.2009, https://www.spiegel.de/kultur/gesellschaft/stararchitekt-ole-scheeren-herr-der-tuerme-a-660826.html, Stand 6.8.2022.*

[56] *zitiert nach Gerhard Matzig: Architektonische Gewissensfragen, Süddeutsche Zeitung, 11. 10. 2019, https://www.sueddeutsche.de/kultur/vademekum-fuers-bauen-architektonische-gewissensfragen-1.4636468, Stand: 2.8.2022.*

[57] *Gerhard Matzig: Eine alternative Mauer für den Herrscher über die alternativen Fakten, Süddeutsche Zeitung, 18. 4. 2017,*

Diese Art der Rechtfertigung findet ihren traurigen Höhepunkt in Albert Speer, Hitlers Lieblingsarchitekten, NS-Rüstungsminister und Kriegsverbrecher, der schreibt: „Für einen großen Bau hätte ich wie Faust meine Seele verkauft. Nun hatte ich meinen Mephisto gefunden. Er schien nicht weniger einnehmend als der von Goethe." Speer meint damit Adolf Hitler. [58]

Architekten in Westeuropa und Nordamerika leben heute in einer freien demokratischen Welt, in der es ausreichend Aufträge gibt, mit denen sie ihren Lebensunterhalt bestreiten können. Trotzdem suchen viele von ihnen, darunter auch zahlreiche prominente, prestigeträchtige und lukrative Aufträge in Diktaturen.

Ihre Situation unterscheidet sich grundsätzlich von der der Architekten im sog. Dritten Reich, die entweder emigrieren oder sich anpassen mussten. Eine Alternative wäre die Berufsaufgabe gewesen. Aufträge, die über kleinste Aufgaben hinausgehen, gab es im NS-Staat nur für linientreue Architekten.

Architektur dient immer der Selbstdarstellung sowie der wirtschaftlichen und politischen Stärkung eines Staates und seiner Gesellschaft. Vor diesem Hintergrund ist es für einen Architekten im Grunde moralisch kaum vertretbar, in einer Diktatur tätig zu sein. Gerade ehrgeizige Architekten sind für die lukrativen Angebote von Diktatoren und Oligarchen besonders anfällig, selbst wenn sie nicht in deren Einflussbereich leben.

---

https://www.sueddeutsche.de/kultur/trumps-mauerbau-falsch-verstanden-1.3467908, Stand: 1.10.2023.

[58] *Albert Speer: Erinnerungen, Berlin 1969, unveränderter Nachdruck Berlin 2003, S. 44.*

1.5 Architektur nach 1945

„Die Suche nach den Grundlagen der deutschen Nachkriegsarchitektur führt durch tiefe Schichten des Schweigens und des Vergessens", schreibt Werner Durth. [59] Eben noch im Einsatz für den „Totalen Krieg" waren die deutschen Architekten nach 1945 nahtlos am Aufbau der Bundesrepublik beteiligt. Diejenigen unter ihnen, die die moderne Formensprache im sog. Dritten Reich bewahren konnten oder diese Formensprache wie der Karlsruher Architekt Erich Schelling erst nach 1945 für sich entdeckten, werden bis heute als Wegbereiter der Demokratie gefeiert.

„Als Architekt gehörte Eiermann mit einigen anderen [...] zu den Exponenten der Moderne, zu der Generation von Architekten, die programmatisch den Aufbau eines neuen Staates in einer neuen Architektur versuchten", urteilt Gert Kähler. „Anknüpfend an die Architektur der zwanziger Jahre eines Gropius oder Mies van der Rohe [...] entwickelten sie eine leichte, transparente Architektur mit dünnen Konstruktionen und Profilen, eine Metall-Glas-Architektur mit neuen Materialien, die Offenheit und eine neu gewonnene Freiheit symbolisieren sollte." [60]

Egon Eiermanns Büro wurde 1944 aus dem zerbombten Berlin nach Beelitz in Brandenburg evakuiert. Der Architekt floh nach der Zerstörung seines Büros 1945, vermutlich auch vor den russischen Besatzern, nach Buchen im Odenwald, dem Geburtsort seines Vaters. Es folgte von 1946 bis 1948 ein kurzes Intermezzo als freier Architekt in Mosbach im Odenwald, bevor Eiermann 1947 als ordentlicher Professor an die Fakultät für Architektur der Technischen Hochschule Karlsruhe berufen wurde. 1948 verlegte er auch sein Büro nach Karlsruhe. Von 1946 bis 1965 arbeitete er in Bürogemeinschaft mit Robert Hilgers.

Heinz J. Knapp (Abb. 40) ist ein Schüler von Egon Eiermann, der von 1962 bis zu seinem plötzlichen Tod durch einen Schlaganfall am 19. Juli 1970 in Baden-Baden lebte. Knapp studierte ab 1950 an der

---

[59] *Durth, S. 11.*

[60] *Gert Kähler: Ein Jahrhundert Bauten in Deutschland, Stuttgart und München 2000, S. 120.*

Technischen Hochschule Karlsruhe (heute Karlsruher Institut für Technologie) und legte 1955 bei Eiermann die Diplomprüfung ab. Der aus Achern stammende Knapp machte sich 1961 als freier Architekt in Baden-Baden selbstständig. 1962 wurde er in den Bund Deutscher Architekten (BDA) berufen, von 1971 bis 1991 war er Vorsitzender der BDA-Kreisgruppe Baden-Baden/Rastatt/Ortenaukreis. Von 1972 bis 1980 war er außerdem Mitglied des Baden-Badener Gemeinderates. Knapp hat als Sprecher der Architekten das politische und gesellschaftliche Leben der Stadt mitbestimmt. [61]

Im Interview mit mir berichtet Knapp im Juli 2022, dass Eiermann sich der deutschen Schuld durchaus bewusst gewesen sei. „Er hat in seiner Vorlesung von unserer Verpflichtung zur geistig-moralischen Erneuerung gesprochen", sagt Knapp. Eiermanns persönliche Rolle im sog. Dritten Reich wurde nicht thematisiert. „Wir Studenten wussten aber, wo und wie Eiermann in dieser Zeit gearbeitet hat."

Nicht nur viele Architekten wie Eiermann hatten im sog. Dritten Reich Schuld auf sich geladen. Ihre Bauherren in der jungen Bundesrepublik waren nicht minder belastet als Industrielle oder Großunternehmer, oftmals sogar mehr. Dies gilt auch für Eiermanns Bauherren in Offenburg.

Bauherrin von Burda Moden (Abb. 5) war Aenne Burda, Zeitschriftenverlegerin und Ehefrau des Verlegers Franz Burda. Dessen Verwicklungen in den NS-Staat hat Peter Köpf erforscht. Franz Burda übernahm nach dem Tod seines Vaters 1929 Druckerei und Verlag in Offenburg und wurde damit Herausgeber der Rundfunkzeitschrift „Die Sürag". Bereits am 2. April 1933 veröffentlichte Burda in seinem Blatt, dass in seinem Unternehmen „weder jüdisches Kapital noch Angestellte, Arbeiter oder Mitarbeiter tätig sind". Die Gesinnung sei von jeher kerndeutsch und vaterländisch. [62]

---

[61] *Ulrich Coenen: Knapp hat in Mittelbaden Baugeschichte geschrieben - Sprecher der Architekten in Mittelbaden und einer der „Väter" des Michaelstunnels wird am Dienstag 90 Jahre alt. In: Badische Neueste Nachrichten (Ausgabe Baden-Baden) 25. August 2020 (Nr. 196).*

[62] *zitiert nach Peter Köpf: Die Burdas, 2. Aufl., Hamburg 2002, S. 37.*

Burda war von 1934 bis 1937 Mitglied des paramilitärischen Nationalsozialistischen Kraftfahrkorps (NSKK) und trat 1938 der NSDAP bei. [63] Im selben Jahr profitierte er von der „Arisierung“ der Großdruckerei der jüdischen Gebrüder Bauer in Mannheim, die er gemeinsam mit Karl Fritz, Inhaber der Südwestdruck in Karlsruhe, erwarb.

Köpf bezeichnet Burda als „Kriegsgewinnler“. „Gemeinsam mit den Deutschen, die die Welt in Scherben geschlagen hatten, baute er sie auch wieder auf“, urteilt er. [64]

Martin Ruch hat 2018 in Offenburg einen Vortrag über die Geschichte von Müller Stahlbau (Abb. 9) gehalten und mir sein Manuskript freundlicherweise zur Verfügung gestellt. Ihm verdanke ich folgende Informationen. Das 1842 vom Schlosser Franz Anton Müller in Offenburg gegründete Familienunternehmen, das 2020 in Insolvenz ging, expandierte zwischen 1933 und 1945 und wurde 1939 als kriegswichtiger Betrieb eingestuft. Die Firma stellte auf Rüstung um und beschäftigte zahlreiche Zwangsarbeiter. Zum 100-jährigen Jubiläum 1942 wurde in der frisch gedruckten Betriebsordnung von „großen Tagen, in denen der Führer die deutsche Wehrmacht zum Waffengang antreten ließ“ schwadroniert. Müller arbeitete für Heer und Marine und war unter anderem an den V-Waffen beteiligt.

Firmeninhaber Gustav Müller, der in der Zeit des Wirtschaftswunders erneut sehr erfolgreich war, erhielt im Rahmen der Entnazifizierung eine Bewährungsfrist von drei Jahren, zehn Prozent seines Vermögens wurden eingezogen.

---

[63] *Köpf, S. 36 und 47.*

[64] *Köpf, S. 55.*

2. Gewerbebauten in Offenburg

2.1 Burda Moden (Hubert-Burda-Platz 2)

„Das Bemerkenswerte dieses Bauwerks wird allein anhand einer Abbildung nicht deutlich“, schreibt Carsten Krohn. „Unzählige solch schlichter Verwaltungsgebäude wurden in den sechziger Jahren errichtet. Doch Egon Eiermanns Verlagshaus für Burda Moden (Abb. 5, 6 und 7) entstand bereits zu einem viel früheren Zeitpunkt und nahm somit eine allgemeine Entwicklung vorweg.“ [65] Das in den Jahren 1953 und 1954 errichtete Gebäude in Offenburg ist als Prototyp seiner Zeit weit voraus und beeinflusste ein Jahrzehnt später zahlreiche andere Architekten. Weil Eiermann in der Nachkriegszeit zu den einflussreichsten Architekturlehrern in der jungen Bundesrepublik gehörte, mag diese außerordentliche Wirkung nicht erstaunen. [66]

Krohn stellt allerdings fest, dass weniger das Erscheinungsbild als die Konstruktion das eigentlich Innovative des Gebäudes darstellt. Die Rasterfassade ist nämlich keine Vorhangfassade, wie sie in den folgenden Jahren weite Verbreitung fand, sondern eine tragende Konstruktion. Krohn spricht in Offenburg von einer „experimentellen Fassade“, an deren Gestaltung Eiermann nicht nur Ingenieure, sondern auch das Stahlbauunternehmen Müller in Offenburg beteiligte, für das er ab 1958 ein neues Verwaltungsgebäude plante. [67]

Das lang gestreckte Verlagsgebäude für Burda Moden (Abb. 5, 6 und 7) entstand in drei Bauabschnitten. Für die beiden ersten in den Jahren 1953/54 und 1959/60 war Egon Eiermann verantwortlich. Der dritte Bauabschnitt wurde erst nach dem Tod des Architekten 1973/74

---

[65] *Carsten Krohn: Verlagsgebäude Burda Moden. In: Jaeggi, S. 165.*

[66] *Entwurfs- und Ausführungspläne für beide Bauabschnitte von Burda Moden werden im Südwestdeutschen Archiv für Architektur und Ingenieurbau (SAAI) in Karlsruhe aufbewahrt.*

[67] *Krohn, S. 165.*

nach einem Entwurf der Aktiengesellschaft für Industrieplanung (AIP) in Köln gebaut.

Der erste Bauabschnitt ist ein dreigeschossiger Stahlskelettbau mit Flachdach über einem Kellergeschoss mit einer Länge von 45,9 Metern und einer Breite von 13,1 Metern. Er besitzt 27 Fensterachsen an der Langseite. Der Haupteingang mit dem auf zwei leichten Rohrstützen weit auskragenden Vordach ist bewusst asymmetrisch angeordnet und aus der Mittelachse in Richtung Westen verschoben. Die Symmetrie der NS-Zeit erschien modernen Architekten jetzt unerträglich.

Der westlich an den Ursprungsbau anschließende zweite Bauabschnitt mit einer Länge von 15,3 Metern folgt dessen Vorbild. Der Erweiterungsbau ist an der südlichen Hauptfassade und an der Rückseite durch eine lisenenartige, konstruktivbedingte Wandvorlage, die den Ecklisenen des ersten Bauabschnitts entspricht, deutlich ablesbar.

Die Fassadenelemente aus Stahl sind hellblau, Fenstergewände, Brüstungen und die verputzten Seitenwände des Gebäudes besitzen eine weiße Farbfassung. Die Brüstungen wurden aus Asbestzementplatten gefertigt. An der Innenseite wurden Hartfaserlochplatten montiert. Die Decken sind aus Stahlbeton.

Der dritte sechsgeschossige Bauabschnitt wurde im Westen mit einer Glasfuge angeschlossen. Nur der Eiermann-Bau mit seinen beiden Bauabschnitten ist seit 1995 denkmalgeschützt.

Der Grundriss des Eiermannschen Ursprungsbaus und seines Erweiterungsbaus wird durch einen Mittelkorridor charakterisiert. In Querrichtung wird das Gebäude durch Stützenreihen in neun Felder mit jeweils 5,1 Meter im ersten Bauabschnitt und drei Felder im zweiten Bauabschnitt gegliedert. Leichte Trennwände, die sich lediglich an den Stützen im Innenraum und den 1,7 Meter breiten Fensterachsen orientieren, erlauben große Flexibilität bei der Nutzung des Innenraums. An jeder Seite des Mittelkorridors gibt es jeweils einen Erschließungskern. Die Eingangshalle an der Südseite des Korridors nimmt zwei Stützenfelder ein. Dort gab es ursprünglich neben dem Durchgang einen von Eiermann gestalteten Wartebereich mit Sitzmöbeln.

Während Egon Eiermann und seine zweite Ehefrau Brigitte Feyerabendt zu den beiden Villen in Baden-Baden (Haus Hardenberg und das eigene Wohnhaus Eiermann) wenige Jahre später in „Architektur und Wohnform“ sehr persönliche Aufsätze mit Erläuterungen des Entwurfs verfasst haben, [68] gibt es in der von Alfons Leitl 1946 begründeten Zeitschrift „Baukunst und Werkform“ zu Burda Moden nur einen kurzen Beitrag, der ausschließlich technische Details nennt. Als Autoren des Gebäudes werden Egon Eiermann und sein damaliger Partner Robert Hilgers angegeben.

Die Urheber beschreiben dieses Bauwerk eher wie Ingenieure und nicht wie Architekten: „Das Gebäude ist ein Stahlskelettbau, dessen gesamte Außenstützenkonstruktion aus gefalteten Blechen mit 3–4 mm Blechstärke besteht. Alle Innenstützen sind Walzprofile. Die eingebundenen Decken sind in Verbundkonstruktion mit der Stahlkonstruktion verbunden [...] Die Stützen stehen in einem Achsabstand von 1,70 m außen und sind als Pendelstützen zwischen die Geschossdecken gestellt. Sowohl die Deckenträger als auch die Stützen haben zargenartige Umkantungen, die um das ganze Feld herumlaufen und damit den Anschlag bilden für die Montageelemente der Fenster und Brüstungen. Die Stützen selbst sind an der Innenseite mit Blechlamellen versehen, der Hohlraum ist mit Beton gefüllt (dient als Korrosionsschutz).“ [69]

Auch Gert Hatje, Hubert Hoffmann und Karl Kaspar beschreiben in ihrem Buch „Neue deutsche Architektur“ 1956 nur die bautechnische Innovation von Burda Moden. [70]

Klaus Zimmermann berichtet, dass Eiermann das Konstruktionssystem der Fassaden mit zum Teil vorgefertigten Bauteilen aus dünn-

---

[68] *Eiermann: Wohnhaus der Familie des Grafen Hardenberg, S. 1–12. Brigitte Eiermann: Egon Eiermann. Haus und Nebenhaus in Baden-Baden. In: Architektur und Wohnform 7 (1963), S. 291 ff.*

[69] *Verlagsgebäude in Offenburg/Baden. In: Baukunst und Werkform 8 (1955), S. 680–684.*

[70] *Gert Hatje, Hubert Hoffmann, Karl Kaspar: Neue deutsche Architektur, Stuttgart 1956, S. 156 f.*

wandigen abgekanteten Stahlblechen, die im Rahmen der Vorfertigung beziehungsweise der Ortbetonarbeiten ausbetoniert wurden, in enger Zusammenarbeit mit den Tragwerksingenieuren Krawutschke und Winkelmann (Karlsruhe) und der ausführenden Firma Müller Stahlbau völlig neu entwickelt hat. Gleichzeitig habe Eiermann die Vorbereitungen für einen präzisen Anschluss der zeitlich parallel vorgefertigten Holz-Fensterelemente, die als empfindliche Bauteile erst zu einem relativ späten Zeitpunkt montiert werden konnten, geplant. Ziel dieser Verbundkonstruktion sei eine erhebliche Verkürzung der Rohbauzeit und eine Reduzierung der Rohbaukosten durch Vorfertigung der Außenstützen und des darüber laufenden Randträgers gewesen.

Die Bauweise mit den vorgefertigten Bauteilen und deren detailmäßige Ausbildung sei von Egon Eiermann mit sorgfältiger technischer und gestalterischer Durchbildung des gesamten Systems entwickelt worden und damit ein frühes und vorbildliches Beispiel für das Bauen mit vorgefertigten Bauteilen nach dem Zweiten Weltkrieg. Zimmermann verweist ausdrücklich auf die architekturgeschichtlich bedeutsame Tatsache, dass die hier erstmals angewendete Stahlblech- / Stahlbeton - Verbundbauweise das erste Beispiel des statisch wirksamen Verbundes von Stahlbauteilen mit Beton darstellt, wie er in den folgenden Jahrzehnten vor allem von der Stahlbauindustrie weiterentwickelt wurde. [71]

Das Gebäude von Burda Moden auf bautechnische Innovationen zu beschränken, wie dies meist getan wird, ist allerdings ein Fehler. Eiermann ging es immer auch um (Bau)kunst. Das verdeutlicht ein Brief, den er am 17. April 1962 an den Bildhauer Karl Hemmeter schickte, der die Skulptur des auferstandenen Jesus Christus für die Kaiser-Wilhelm-Gedächtniskirche in Berlin schaffen sollte, die Eiermann ablehnte, weil er die „Plastik für Lieschen Müller“ „schablonenhaft“ fand. „Ich bitte Sie menschlich wegen dieses Briefes ernsthaft um Verzeihung. Aber in Kunst und künstlerischen Dingen kenne ich

---

[71] *Klaus Zimmermann: Verlagsgebäude der „Burda - Moden“ Offenburg 1953 – 1954. In: Egon Eiermann Gesellschaft (Hrsg.), Egon Eiermann Bauten in Baden-Württemberg 1946-1972, Karlsruhe 2000, S. 51 – 62.*

kein Erbarmen, weder gegen mich noch gegen andere", schreibt er. [72] Verhindern konnte Eiermann die Skulptur nicht.

Waren die Industriebauten Eiermanns aus der Vorkriegszeit noch sehr der gemauerten Wand verhaftet, so zeigt Burda Moden eine Rasterfassade, die aus einem tragenden Rahmen und einer Füllung besteht. Die Fassade erhält dadurch eine Reliefstruktur. Ein Vorläufer ist das Total-Gebäude in Apolda (Abb. 2) mit einer Stahlbetonfassade, die bereits ein Raster zeigt. Die sichtbare Tragstruktur wurde aber mit Klinkern und nicht mit industriell vorgefertigten Elementen ausgefacht.

Als Vorbilder wichtiger sind zwei Industriebauten Eiermanns aus der Nachkriegszeit. Bei der Ciba AG in Wehr (1948–52) setzte Eiermann bereits standardisiert vorgefertigte Holzfenster und Brüstungselemente in die Stahlbetonskelettkonstruktion ein. [73] Auch der erste Bauabschnitt der Vereinigten Seidenwebereien (später Stadthaus) in Krefeld (1950–53) weist im Hinblick auf den rasterartigen Fassadenaufriss Parallelen auf. Auch dort handelt es sich um eine Stahlbetonkonstruktion. Die Brüstungen wurden mit mattschwarzen Steinzeugplatten verkleidet. [74] Die Detailausbildungen der Dachgartenbrüstung erinnert Schirmer an das Dachgartengeländer der Total-Werke in Apolda. [75]

Diese Entwürfe Eiermanns hatten einen großen Einfluss auf die Nachkriegsmoderne. Sie standen auch ein Stück weit Pate für die Stahlbausysteme von Fritz Haller, der 1977 als einer der Nachfolger Eiermanns an die Karlsruher Architekturfakultät berufen wurde. Das

---

[72] *Egon Eiermann – Briefe des Architekten 1946–1970, hrsg. vom Institut für Baugeschichte der Universität Karlsruhe, Stuttgart 1994, S. 138 f.*

[73] *Friederike Hoebel: „Im unzertrennlichen Zusammenklang des Außen und Innen". Eine Betrachtung der räumlichen Fassaden von Egon Eiermann. In: Jaeggi, S. 76.*

[74] *Schirmer, S. 95.*

[75] *Schirmer, S. 300.*

USM-Gebäude in Bühl, das im Stahlbausystem Maxi ausgeführt wurde, ist das einzige Beispiel in Deutschland [76] (Abb. 41).

Obwohl das Gebäude von Burda Moden während der Studienzeit von Heinz Knapp in Offenburg entstanden ist, spielte dieses Projekt in der Lehre Eiermanns keine Rolle. „Eiermann hat sich in seinen Vorlesungen mit dem Wiederaufbau der kriegszerstörten Städte wie Hamburg und Hannover beschäftigt", berichtet Knapp im Gespräch mit mir. „Es hat mich beeindruckt, wie er sich in die Stadtraumgestaltung der Nachkriegszeit eingebracht hat, nicht nur in der Vorlesung, sondern auch in den Seminaren." Dort habe Eiermanns Assistent, Lothar Götz, die Studenten im Sinne des Lehrstuhlinhabers betreut. „Eiermann war nicht sehr interessiert, allzu oft in die Seminarvorträge zu kommen", sagt Knapp.

Nach Auskunft des Baden-Badener Architekten war Industriebau in den Lehrveranstaltungen Eiermanns kein wichtiges Thema. „Die Taschentuchweberei in Blumberg hat uns vor allem im Seminar bei Lothar Götz beschäftigt." Eiermann widmete sich in seinen Vorlesungen zum Teil völlig anderen Aspekten. „Er hat bei Kleinigkeiten angefangen wie der Detailentwicklung für Türen und Beschläge", erinnert sich Knapp. „Es gab auch skurrile Dinge. In einer Vorlesung schlug Eiermann eine Seite im Neuen Testament auf, las etwas vor und entwickelte daraus seinen Vortrag. Das war witzig, aber teilweise auch ein wenig gezwungen."

Einmal habe Eiermann den Studenten als Entwurfsaufgabe das Thema Beerdigungen ohne Sarg gestellt. „Er wollte Ideen sehen", meint Knapp. „Der in Eiermanns Augen beste Entwurf war ein Brett mit vier Löcher und Seildurchzügen, damit der Leichnam liegen bleibt." [77]

---

[76] Ulrich Coenen: Fritz Haller und USM – Zur Bedeutung des Schweizer Architekten und Möbeldesigners für Bühl. In: Die Ortenau – Jahrbuch des Historischen Vereins für Mittelbaden 91 (2011), S. 61–88.

[77] Eiermanns Interesse an dieser Aufgabenstellung mag damit zusammenhängen, dass er bereits in den Jahren 1934 bis 1938 die Geschäftsstellen des Bestattungsunternehmens Grieneisen in Berlin gestaltet hat. Siehe hierzu: Jaeggi, S. 122–125.

Knapp berichtet, dass Eiermann großen Wert daraufgelegt hat, dass der Grundriss mit klaren Bezügen zur jeweiligen Situation im Gelände und zur Erschließungssituation entwickelt wurde. „Auch die Frage der Ausstattung war ein Thema", sagt Knapp. Bissige Kommentare zur Stuttgarter Schule um ihren Protagonisten Paul Schmitthenner habe er sich in seinen Vorlesungen nicht verkneifen können.

Burda Moden in Offenburg, nur 80 Kilometer südlich von Karlsruhe, war Ziel privater Exkursionen der Studenten. „Natürlich sind wir hingefahren", berichtet Knapp. „Das war eine klare und saubere Architektur. Ich bin mit einem Vater aufgewachsen, der Architekt war, und habe da etwas ganz anderes gesehen. Eiermanns Architektur war für uns Studenten aufschlussreich. Ich fand es imponierend, wie klar er die Architektur in Offenburg in Grund- und Aufriss entwickelt hat."

2.2 Müller Stahlbau (Englerstraße 4)

Beim Entwurf des Verwaltungsgebäudes gab es erhebliche Meinungsverschiedenheiten zwischen dem Architekten und seinem Bauherrn. „Ich sehe immer mehr, dass zwischen der Auffassung von Herrn Müller und der unsrigen Welten liegen", schreibt Egon Eiermann am 15. Juli 1959 völlig entnervt an Herrn Schlegel, offensichtlich einen leitenden Mitarbeiter des Stahlbauwerks Müller und beschwert sich über dessen Chef Gustav Müller. „Für uns ist das Gebäude Ihrer Verwaltung Bestandteil des Gesamtwerkes, und der ästhetische Maßstab, den wir anlegen, entspricht nicht dem eines Verwaltungsgebäudes schlechthin, sondern er entspricht dem Charakter ihrer Werkhallen. Kurzum: Der Bau entspricht radikal der technischen Welt [...] Von Herrn Müller habe ich Grund, annehmen zu müssen, dass er am liebsten sein Wohnhaus in den Betrieb verlegen möchte [...] Lassen Sie uns doch wirklich dieses Haus bauen, genau wie Frau Burda und andere Leute auch uns ihre Häuser bauen lassen, und Sie werden sehen, dass die Dinge in Ordnung gehen." [78]

Der Dissens überrascht. Schließlich gab es bereits seit dem Bau von Burda Moden einen engen Kontakt zwischen Egon Eiermann und

[78] *Egon Eiermann – Briefe des Architekten, S. 162 f.*

Gustav Müller, der den Architekten und seine kompromisslosen Vorstellungen von Architektur kennen musste. Die Meinungsverschiedenheiten schienen aber nach der Fertigstellung im Jahr 1961 vergessen. „Dieses Gebäude für die Geschäftsleitung und die Konstruktionsbüros eines Stahlbauwerks wurde von einem Bauherrn errichtet, der von vornherein den Absichten des Entwerfers Spielraum ließ", berichtet die „Bauwelt" 1961, in einem Beitrag, der neben Eiermann als Architekten außerdem Robert Hilgers und Kurt Huppert als Mitarbeiter nennt. [79]

Es handelt sich um ein fünfgeschossiges flachgedecktes Gebäude über rechteckigem Grundriss mit innerem Kern aus Stahlbeton für die Erschließung mit Treppen und Aufzug, Sanitäreinrichtungen und einem Licht- und Luftschacht, der der Belüftung des Hauses dient. Es hat 14 Fensterachsen an den Langseiten und acht an den Schmalseiten (Abb. 9, 10 und 11).

Eiermann hat das Gebäude für Großraumbüros konzipiert. Ursprünglich gab es auf allen Ebenen nur wenige Trennwände, beispielsweise für den Sitzungssaal und die Kasse. Der Grundriss des Erdgeschosses wird durch ein großes Foyer charakterisiert. Die Büroflächen wurden lediglich durch Schallschutzwände in Augenhöhe gegliedert, die veränderbar waren. Später wurden zum Teil Trennwände bis zur Decke eingezogen, die das ursprüngliche Konzept verunklarten.

Die zweischichtige Fassadenwand prägt das Erscheinungsbild des Gebäudes und unterscheidet es grundsätzlich von Burda Moden. „Zu der lebhaften Fassadengliederung tragen vor allem die durchgehend umlaufenden Balkone bei", stellen Gert Hatje, Hubert Hoffmann und Karl Kaspar fest. [80]

Charakteristisch sind die vor der Außenwand stehenden Stahlstützen mit einem Abstand von vier Metern. Dies ist ein bewusster Hinweis

---

[79] *Verwaltungsgebäude eines Stahlwerks in Offenburg. In: Bauwelt: 52 (1961), S. 1099–1102.*

[80] *Hatje, S. 164 f. vgl. Offenburg, Deutschland – Verwaltung eins Stahlbauwerks. In: AC – Internationale Asbestzement-Revue 3, 12 Jg. (1967), S. 30–33. Steel Company Offices, Offenburg. In: Architectural Design AD 6 (1963), S. 270–274.*

des Architekten, dass es sich um das Verwaltungsgebäude eines Stahlwerks handelt. Aus Kostengründen wurden allerdings Holzfenster mit einer Brüstung aus Asbestzementplatten verbaut. Das Tragwerk des Gebäudes besteht aus dem Kern aus Stahlbeton, der die Windlast aufnimmt, bei den Außenstützen handelt es sich um Pendelstützen. [81]

Die umlaufenden, relativ schmalen und grazilen Balkone dienen, neben ihrer ästhetischen Funktion, einerseits der Beschattung der Fassaden, anderseits erleichtern sie den Fensterputzern ihre Arbeit.

Immo Boyken weist darauf hin, dass dieses Gestaltungselement erstmals mit der Fassadengestaltung des Warenhauses Merkur in Reutlingen (1952) in Eiermanns Werk zur Ausführung gekommen sei. Allerdings sei es bereits für das Projekt des Sende- und Verwaltungsgebäudes für den Süddeutschen Rundfunk in Stuttgart im ersten Ausführungsentwurf 1950 vorgesehen gewesen. Die „Umgänge mit einem vorgehängten Netz von Stangenwerk" hätten sich schließlich zu einem „Markenzeichen" Eiermanns entwickelt. [82] In der Villa Hardenberg in Baden-Baden (Abb. 22 und 23) fand das System dieser zweischichtigen Wand fast gleichzeitig mit Müller Stahlbau in Offenburg auch Eingang in den Wohnbau des Architekten.

Die „Bauwelt" urteilt über Müller Stahlbau: „Das Gebäude steht in der Nachfolge des Eiermann Rufschen Brüssel-Pavillons und ist grob gesagt, deren ortsfeste und witterungsunabhängige Weiterbildung." [83] Dennoch gibt es Unterschiede. Der Deutsche Pavillon von Eiermann und Sep Ruf für die Weltausstellung 1958 in Brüssel zeigt Umgänge wie in Offenburg. Durch den Verzicht auf eine Brüstung und bodentiefe Fenster wirken die Fassaden in Brüssel aber transparenter und eleganter.

Für Renate Prasse ist das Verwaltungsgebäude von Stahlbau Müller ein typisches Beispiel der Wiederaufbaujahre, das sich durch Spar-

---

[81] *Verwaltungsgebäude eines Stahlwerks in Offenburg. In Bauwelt, S. 1099.*

[82] *Boyken. In: Schirmer, S. 59–71.*

[83] *Verwaltungsgebäude eines Stahlwerks in Offenburg. In: Bauwelt, S. 1102.*

samkeit bei Material- und Zeitaufwand und vorfabrizierte Fassadenelemente auszeichnet. Es stehe damit im Gegensatz zum Protz der Solitäre früherer Behörden- und Firmengebäude. [84]

Im Gegensatz zur Fassade von Burda Moden mit ihrer charakteristischen Reliefstruktur, handelt es sich bei Müller Stahlbau um eine zweischalige Fassade mit räumlicher Wirkung.

Wie bei Burda Moden besitzt auch das Verwaltungsgebäude von Müller Stahlbau ein asymmetrisch angeordnetes weit auskragendes Vordach auf Stahlstützen vor dem Haupteingang an der Langseite. Die Fassaden wirken elegant, leicht und transparent. Ursprünglich war das Gebäude streng in Schwarz, Weiß und Grau gehalten [85], im Laufe der Jahre gesellte sich ein störendes Olivgrün hinzu.

„Frappierend sind die durchaus verschiedenen Gesichter des Baus, je nachdem ob und wie die Sonnensegel in Funktion gesetzt werden", urteilt die „Bauwelt" im Jahr 1961. [86] In der Tat zeigen Fotos aus der Erbauungszeit, wie der ebenso leichte wie elegante Sonnenschutz das Erscheinungsbild der Fassaden verändert. Allerdings erwies sich diese Fassadenkonstruktion in Offenburg, wie so manches, das Eiermann geplant hat, zwar als baukünstlerisch überzeugend, aber als wenig praxistauglich und steht damit im krassen Gegensatz zu seiner Technikaffinität, die sowohl der Architekt als auch zeitgenössische Fachautoren immer wieder betont haben. Die Sonnensegel fielen jedenfalls in kürzester Zeit dem Wind zum Opfer.

1966 bis 1968 ergänzte Eiermann das Verwaltungsgebäude an der Rückseite durch ein eingeschossiges Kasino- und Sozialgebäude (ebenfalls eine Stahlskelett-Konstruktion), das trotz Denkmalschutz vor dem Verkauf an den jetzigen Eigentümer Jürgen Grossmann unerklärlicherweise abgerissen wurde. [87]

---

[84] *Renate Prasse: Firma Stahlbau Müller, Offenburg. In: Egon Eiermann - Bauten in Baden-Württemberg 1946-1972, S. 87–92.*

[85] *Verwaltungsgebäude eines Stahlwerks in Offenburg. In: Bauwelt, S. 1102.*

[86] *Verwaltungsgebäude eines Stahlwerks in Offenburg. In: Bauwelt, S. 1102.*

[87] *Eine Kurzbeschreibung und ein Aufriss der Südfassade bei Schirmer, S. 310.*

2.3 Industriebau und Denkmalpflege

„Dass das, was wir bauen, Ewigkeitswerte haben soll, ist nach heutigen Gesichtspunkten absurd", sagte Egon Eiermann 1967 in einem Radio-Interview mit Harald von Troschke für den NDR. „Ich möchte sagen, man sollte heute dazu übergehen, Gebäude so einzuschätzen, nicht dass man sie baut, sondern, dass man sie auch wieder abreisst." [88] Diese Bewertung von Architektur als Konsumartikel bezieht sich aber nicht nur auf die eigenen Werke und die der Nachkriegsmoderne, sondern allgemein auf Architektur. Es sei gleichgültig, ob ein Gebäude 100 oder 5.000 Jahre halte, weil es doch vergänglich sei, meint Eiermann. Stattdessen fordert er: „Den Menschen von heute zu dienen, wer das überhaupt schafft für die Zeit, in der er lebt, hat etwas so unerhört Großes getan, dass er überhaupt nicht dazu kommt, an die Geschichte dieser Dinge zu denken in der Zukunft." Für das Fach Baugeschichte setzt Eiermann auf das Medium der Fotografie.

Diese Verneinung der Dauerhaftigkeit und der Nachhaltigkeit von Architektur mag ein Grund für die Bauschäden an den beiden Eiermann-Gebäuden in Offenburg sein, die auch in einem Zusammenhang mit seinen technischen Innovationen und der industriellen Vorfertigung stehen. Dennoch nimmt der Denkmalpfleger Clemens Kieser Eiermann die „Negation der Erhaltenswürdigkeit eigener Bauwerke" nicht ab und bezeichnet diese Äußerungen als „künstlerischen Gestus und persönliche Stilisierung". [89]

Beide Eiermann-Gebäude in Offenburg wurden wegen erheblicher Mängel inzwischen mit großem Aufwand restauriert, zuerst Burda Moden. Ingenhoven, Overdiek und Partner (Düsseldorf) haben das bereits 1997 geräumte Gebäude im Auftrag der Hubert Burda Media GmbH in den Jahren 2000 und 2001 in 18-monatiger Bauzeit saniert.

---

[88] Harald von Troschke-Archiv. Radio-Interview mit Egon Eiermann für den Norddeutschen Rundfunk (NDR). https://troschke-archiv.de/interviews/egon-eiermann. Stand 11.8.2022.

[89] Clemens Kieser: „Dieses Erhalten von etwas, daran glaube ich nicht mehr". Eiermanns Nachkriegsmoderne und die Denkmalpflege. In: Jaeggi, S. 85.

„Die Lust zu experimentieren, führte zu konstruktiven bauphysikalischen Mängeln, so dass das Eiermannbaugebäude 1995 aufgrund der durchgerosteten Fassadenelemente in einem Gutachten als nur noch bedingt tragfähig eingeordnet wurde“, teilt das Büro Ingenhoven dem Autor auf Anfrage mit. Ziel sei eine Sanierung auf Stand der Technik in Anlehnung an die Systematik und Konstruktionsweise von Egon Eiermann gewesen, wobei auch seine Material- und Farbkonzepte weitestgehend rekonstruiert worden seien. Zu den Restaurierungsmaßnahmen gehörten der Rückbau des Haupteingangs, der in den dritten Bauabschnitt verlegt worden war, und die Reaktivierung der alten Eingangshalle. Die Fassadenelemente habe man komplett austauschen müssen, es habe aber einen originalgetreuen Nachbau (Proportionen) auf dem Stand der heutigen Technik und Bauphysik in Anlehnung an die Wärmeschutzverordnung als integriertes Element (inklusive Heizung) gegeben, berichtet das Büro. „Die Decken-Strahlerheizung erwies sich als nicht sanierbar und wurde gegen bündig in die Fassade integrierte Heizungskörper ausgetauscht. Im Gebäude wurde bis zu einem deutlichen Randstreifen im Bereich der Fassade eine flächige modulare Metalldecke eingebaut, welche die technischen Funktionen einer heutigen Büronutzung integriert (Kühlung, Beleuchtung und Raumakustik).“

Die vorhandenen Bürotrennwände, die aus verschiedenen Zeiten stammten, wurden nach Auskunft von Ingenhoven gegen ein flexibles gläsernes Systemtrennwandprogramm getauscht, so dass die heutigen Anforderungen an Kommunikation, Flexibilität und Transparenz eines modernen Büros erfüllt werden konnten. „Bei der Auswahl der Materialien wurde im Sinne Egon Eiermanns darauf geachtet, einen möglichst hohen Vorfabrikationsgrad durch den überwiegenden Einsatz von Systembauteilen zu erreichen“, heißt es in der Mitteilung an mich.

Nach der Insolvenz von Stahlbau Müller hat der Architekt und Projektentwickler Jürgen Grossmann (Grossmann Group, Neuried) im Herbst 2020 das denkmalgeschützte Verwaltungsgebäude gekauft und diesem einen Zwillingsbau gegenübergestellt. Beide sind im Erdgeschoss miteinander verbunden. [90]

---

[90] *Ulrich Coenen: Wie saniert man ein Gebäude von Egon Eiermann? Der Architekt Jürgen Grossmann will das ehemalige Verwaltungsgebäude von*

Der fünfgeschossige im Bau befindliche Neubau wird dieselbe Höhe wie das Baudenkmal erhalten. Grossmann plant eine klassische Lochfassade mit regelmäßig angeordneten Fensterachsen. Der Stahlbetonbau wird eine graue Putzfassade erhalten und sich damit deutlich von der filigranen Architektur Eiermanns abheben.

Alt- und Neubau werden auf drei Ebenen mit Brücken miteinander verbunden. „Aus brandschutztechnischen Gründen benötigen wir einen zweiten Fluchtweg", sagt Grossmann. Den will er im Neubau nachweisen, um dem Baudenkmal den Anbau einer hässlichen Fluchttreppe zu ersparen.

„Wir erhalten die komplette Eiermann-Fassade", erklärt Grossmann im Interview mit mir. [91] Die Fensterrahmen aus Weichholz waren zum Teil verrottet und mussten ergänzt werden. Die Einfachverglasung wurde mit erheblichem handwerklichem Aufwand durch eine Doppelverglasung ersetzt. Die originalen Fassadenplatten aus Faserbeton unter den Fenstern wurden erhalten, die Holzfaserplatten dahinter wichen einer wirkungsvolleren Dämmung.

Ein Restaurator hat im Auftrag von Grossmann geprüft, welche Trennwände nachträglich im Inneren eingebaut wurden. Auch diese hat der Architekt zurückgebaut. Eine besondere Herausforderung sind bei allen Altbauten die gestiegenen Anforderungen des Brandschutzes. Die Deckenverkleidungen wurden deshalb entfernt und alle Stahlträger entsprechend behandelt. Die neuen Büros im Eiermann-Gebäude sind zwischenzeitlich vollständig bezogen.

Wie auch bei der Sanierung der Villa Eiermann in Baden-Baden kam es in Offenburg zum Konflikt zwischen Eigentümern und Architekten auf der einen Seite und der Egon-Eiermann-Gesellschaft und den Kindern Eiermanns als Inhaber des Urheberrechts auf der anderen Seite.

Müller Stahlbau in Offenburg erweitern. In: Acher- und Bühler Bote, 2. März 2022, Nr. 50, S. 32. Siehe auch: Maximilian Kraemer: Geometrische Leichtigkeit. Egon Eiermanns Verwaltungsgebäude für Stahlbau Müller in Offenburg. In: Denkmalpflege in Baden-Württemberg - Nachrichtenblatt der Landesdenkmalpflege 1 (2022), S. 64 f.

[91] *Coenen: Wie saniert man ein Gebäude von Egon Eiermann?*

Judith Weinstock-Montag, die Vorsitzende der Eiermann-Gesellschaft, kritisierte Grossmanns Projekt. „Nach den uns zugänglichen Projektunterlagen sind wir in großer Sorge und auch der Meinung, dass die geplanten Bau- und Sanierungsarbeiten, insbesondere die baulichen Anbindungen des Neubaus an den bestehenden denkmalgeschützten Bau, das Maß der Verträglichkeit und auch des rechtlich zulässigen überschreiten", schrieb sie 2022 an die Stadt Offenburg. Grossmann reagierte im Interview mit mir verärgert. „Wir bauen vieles in den Originalzustand zurück und erhalten mit großem Aufwand Bestand, wo immer es möglich ist", sagte er. [92]

Die Stadt Offenburg unterstützte Grossmann. Sie begrüße, dass der neue Eigentümer das dringend sanierungsbedürftige Baudenkmal erhalten und einer neuen Nutzung zuführen wolle, erklärte Pressesprecher Florian Würth. „Die als Bauantrag vorgelegte Planung ist nach gegenwärtigem Stand grundsätzlich bau- und denkmalrechtlich genehmigungsfähig. Städtebaulich wird die Wiederaufnahme einer Nutzung positiv ausstrahlen." [93] Auch der Gestaltungsbeirat der Stadt stimmte Grossmanns Plänen zu.

Würth schneidet in seiner Stellungnahme einen für die Denkmalpflege wichtigen Aspekt an. Mein akademischer Lehrer Udo Mainzer, ehemaliger Landeskonservator Rheinland und Honorarprofessor für Denkmalpflege an der Universität Köln, hat seinen Studenten immer wieder erklärt: „Ein Baudenkmal lässt sich auf Dauer nur erhalten, wenn eine Nutzung gefunden wird."

---

[92] Coenen: Wie saniert man ein Gebäude von Egon Eiermann?

[93] Coenen: Wie saniert man ein Gebäude von Egon Eiermann?

3. Die Villen in Baden-Baden

3.1 Villenbau in der Kurstadt

Egon Eiermann hat seinen Ruhm nicht durch seine wenigen Wohnhäuser, sondern durch Industrie- und Verwaltungsbauten erlangt. Es ist aber kein Zufall, dass die beiden einzigen Villen, die Eiermann nach dem Zweiten Weltkrieg gebaut hat, in Baden-Baden entstanden sind. Vor rund sechs Jahrzehnten hat Eiermann dort sein eigenes Wohnhaus vollendet und ist in die Kurstadt gezogen. Um die Häuser Hardenberg und Eiermann zu verstehen, sind einige Anmerkungen zum Wesen der Kurstadt und zur Bedeutung der Villen für deren Stadtbild notwendig (Abb. 13).

Villen sind ein wichtiges Gestaltungselement der Kurstädte, die sich im 19. Jahrhundert zu einer urbanen Sonderform entwickelt haben. [94] In dieser Epoche wurden Kurstädte zum Treffpunkt eines internationalen Publikums aus verschiedenen gesellschaftlichen Gruppierungen. [95] Zu nennen sind insbesondere Adel, Großbürgertum und Künstler. Typisch für das Freizeitangebot ist die Verbindung von Unterhaltung, Kultur, Erholung, Landschaftserlebnis und balneologischer Therapie. [96] Diese manifestierte sich in der Architektur. Kur-

---

[94] *Ulrich Coenen: Kurbäder und Kurarchitektur im 19. Jahrhundert. In: Hans W. Hubert, Anja Grebe, Antonio Russo (Hrsg.): Das Bad als Mußeraum Räume, Träger und Praktiken der Badekultur von der Antike bis zur Gegenwart, Tübingen 2020, S. 201–218.*

[95] *Burkhard Fuhs: Kurorte als Orte des geselligen Vergnügens. Anmerkungen zur Herausbildung einer neuen Unterhaltungskultur im 19. Jahrhundert. In: Anna Anavieva, Dorothea Böck, Hedwig Pompe (Hrsg.), Geselliges Vergnügen. Kulturelle Praktiken von Unterhaltung im langen 19. Jahrhundert, Bielefeld 2011, 27–40.*

[96] *Ulrich Rosseaux: Urbanität – Therapie – Unterhaltung. Zur historischen Bedeutung der Kur- und Bäderstädte des 19. Jahrhunderts. In: Baden- Ba-*

städte des 19. Jahrhunderts zeichnen sich durch eine lockere Bebauung mit vielen Grünflächen aus. Architektur und Kurparks verschmelzen zu einer Einheit. Die in Form von englischen Gärten angelegten Parks gehen nahtlos in die freie Landschaft über. Die Kurstädte des 19. Jahrhunderts bilden eine Synthese aus Kurarchitektur und Landschaft (Abb. 15).

Kurstädte werden im 19. Jahrhundert vor allem durch drei Haupttypen der Kurarchitektur geprägt, die es nur in dieser urbanen Sonderform gibt. Es handelt es sich um Kurhaus, Trinkhalle und Kurbad/Thermalbad. Daneben wird das Erscheinungsbild der Kurstädte von Landschaftsgärten, Hotels und Villen, aber auch von Theatern, Museen, Bergbahnen und Aussichtstürmen bestimmt. Diese Nebentypen sind aber nicht auf die Kurstadt beschränkt, sondern im 19. Jahrhundert weit verbreitete Bauaufgaben. Die Vielfalt der genannten Bautypen macht die Kurstadt zu einem „Gesamtkunstwerk“. [97]

Vor allem in der zweiten Hälfte des 19. und im frühen 20. Jahrhundert entstanden in den Kurstädten Villen in ungeheurer Zahl. [98] Sie bilden ganze Stadtviertel. Dennoch stellen Villen keine eigenständige Architekturgattung innerhalb der Kurstädte dar. Sie unterscheiden sich mit Ausnahme ihrer Nutzung nicht von denen in anderen Städten.

Wolfgang Brönner ignoriert wohl deshalb in seinem Standardwerk über die deutschen Villen des 19. Jahrhunderts die Villen der Kurstädte. [99]

---

den – Bäder- und Kurstadt des 19. Jahrhunderts. Bewerbung der Stadt Baden- Baden als UNESCO- Weltkulturerbe. Workshop am 22. 11. 2008, Baden-Baden 2009, S. 49–51.

[97] *Ulrich Coenen: Von Aquae bis Baden- Baden – Die Baugeschichte der Stadt und ihr Beitrag zur Entwicklung der Kurarchitektur, Aachen 2008.*

[98] *Die folgenden Überlegungen zu den Villen des Klassizismus und Historismus lehnen sich eng an die Darstellung in meinem Buch „Von Aquae bis Baden-Baden“ an, S. 512–526.*

[99] *Wolfgang Brönner, Die bürgerliche Villa in Deutschland 1830-1890, 2. Aufl., Worms 1994. Grundsätzliche Überlegungen zum Villenbau stellt Brönner auf S. 68–75 an.*

Leni Niemann behandelt in ihrer Dissertation den Baden-Badener Villenbau bis zum Verbot des Glücksspiels 1872. Klassizismus und Romantik werden durch Karlsruher Einflüsse geprägt, im Historismus verschwindet diese Abhängigkeit. [100] Wegen des internationalen Publikums sind die Einflüsse mannigfaltig. An den historistischen Villen lässt sich deshalb die allgemeine Entwicklung dieser Architekturgattung ablesen.

Es ist kein Zufall, dass Friedrich Weinbrenner die Pläne für die erste Villa in Baden-Baden lieferte. Als Chef der Bauverwaltung im Großherzogtum Baden bestimmte er die erste Phase des Ausbaus der Kurstadt im 19. Jahrhundert. Der Landarzt Aloys Mayer war Bauherr des Hauses, das nach einer späteren Besitzerin Palais Hamilton genannt wird und heute Sitz der Sparkasse ist (Abb. 14).

Die Villa entstand im Jahr 1808 außerhalb der Stadtmauern in der Sophienstraße vor dem Beuerner Tor. Die Hauptfassade entspricht Weinbrenners üblichem Schema. Typisch ist der übergiebelte Mittelrisalit, der durch Säulen in Kolossalordnung gegliedert wird. Die heute nicht mehr erhaltenen Seitenpavillons, die mit dem Hauptgebäude durch eine Mauer verbunden waren, lassen die Vorbildfunktion der Villen Palladios erkennen. [101]

Städtebaulich hat das Palais Hamilton für die Kurstadt große Bedeutung. Mit dieser Villa entstand erstmals außerhalb der Stadtmauern ein repräsentatives Bauwerk.

Die meisten Villen wurden aber in den folgenden Jahrzehnten bis zum Ersten Weltkrieg nicht im Tal der Oos, sondern an den Berghängen östlich und westlich des Bachs erbaut. Dies gilt auch für die beiden Villen Eiermanns.

---

[100] *Leni Niemann: Landhäuser und Villen in Baden-Baden von 1800–1870. Eine Studie zur Baugeschichte des 19. Jahrhunderts, Karlsruhe 1953, S. 80–83.*

[101] *Niemann, S. 13–19 und S. 101.*

3.2 Die Zäsur nach dem Ersten Weltkrieg

Die Katastrophe des Ersten Weltkrieges bedeutete für die Kurstädte einen tiefen Einschnitt. Die gesellschaftlichen Schichten, welche das Kurwesen getragen hatten, gab es in der bisherigen Form nicht mehr. In den beiden Jahrzehnten zwischen den Kriegen stagnierte die bauliche Entwicklung weitgehend. [102]

Auch der Villenbau kam nach 1918 zum Erliegen und fand auch nach 1945 – wie die übrigen Architekturtypen, die die Kurstadt prägen – keine angemessene Fortführung. Die beiden Villen von Egon Eiermann gehören deshalb zu den wenigen herausragenden Gebäuden der Zeit nach dem Zweiten Weltkrieg.

Bauwerke von internationalem Rang sind nach der Zäsur im Jahr 1918 in Kurstädten die Ausnahme. [103] Mit der Therme Vals (1996) von Peter Zumthor und dem Museum Frieder Burda (2004) von Richard Meier in Baden-Baden wurden wichtige Akzente für eine zeitgenössische Kurarchitektur gesetzt (Abb. 16 und 17). Das Museum steht in der Tradition von Weinbrenners nicht erhaltener Antiquitätenhalle und Hermann Billings Kunsthalle in Baden-Baden, will also Attraktion und Bildungsangebot für die Kurgäste zugleich sein.

Dass mit Richard Meier einer der bedeutendsten Architekten der Gegenwart beauftragt wurde, hatte den vom Bauherrn beabsichtigten Werbeeffekt. Trotz der Aufmerksamkeit, die die Therme Vals und das Museum Burda erregen, muss festgestellt werden, dass die moderne Kurarchitektur nicht mehr den Stellenwert des 19. Jahrhunderts besitzt.

Einer der bedeutendsten Neubauten der Zeit nach 1945 in Baden-Baden ist die 1983 bis 1985 errichtete Caracalla-Therme (Abb. 18). Der Freiburger Architekt Hans-Dieter Hecker zitiert mit der Kuppel der Caracalla-Therme die des benachbarten Friedrichsbades (Abb. 19) und knüpft damit bewusst an die Badetradition der Stadt an. [104] Diese

---

[102] *Coenen, Das Bad als Mußeraum, S. 214.*

[103] *Die folgenden Überlegungen habe ich in meinem Aufsatz „Das Bad als Mußeraum" angestellt, S. 216.*

[104] *Coenen, Von Aqua bis Baden-Baden, S. 603.*

Neubauten für den Kurbetrieb bleiben aber positive Ausnahmen im Sinne von Highlights. Die Architektur der Kurstädte nach dem Zweiten Weltkrieg, auch in Baden-Baden, ist oft banal. Das gilt gerade auch für Wohnhäuser.

3.3 Die Villa Kienzle als Gegenentwurf zu den Eiermann-Villen

Erwähnenswert ist im Zusammenhang mit den beiden Eiermann-Villen Haus Kienzle (Herchenbachstraße 25a). Es ist nach Plänen von Paul Schmitthenner fast zeitgleich in den Jahren 1963 bis 1965 entstanden und im Grunde ein Gegenentwurf zu den beiden Villen Eiermanns (Abb. 20). Schmitthenner plante die Villa im Auftrag von Inge Kienzle.

Haus Kienzle wirkt neben den beiden wenig früher entstandenen Wohnhäusern von Egon Eiermann beinahe anachronistisch, weil dieses Spätwerk Schmitthenners traditioneller erscheint als seine Werke der 1920er Jahre. Ein wichtiges Beispiel in Baden-Baden ist die Siedlung Ooswinkel, die ab 1921 erbaut wurde (Abb. 21). [105] Die einzige Parallele zwischen den Villen Eiermann und Kienzle ist die Hanglage. Die eingeschossige Straßenfassade wird jeweils geschlossen gestaltet, die zweigeschossige Gartenfront ist die eigentliche Schauseite.

Schmitthenner, der 20 Jahre älter als Eiermann war und der Architektengeneration um Gropius und Mies van der Rohe angehört, hat für den Bau von Wohnhäusern und Villen große Bedeutung erlangt. [106] Sein Buch „Das Deutsche Wohnhaus“ erreichte zwischen 1931 und 1950 in drei Auflagen eine beachtliche Verbreitung. [107] Schmitthenner orientiert sich an traditionellen kubischen Hausformen mit Sattel- oder Walmdächern.

---

[105] *Coenen, Von Aquae bis Baden-Baden, S. 568–571.*

[106] *Zu Schmitthenner: Wolfgang Voigt, Hartmut Frank (Hrsg.): Paul Schmitthenner. Architekt der gebauten Form, 2. Aufl., Berlin 2021.*

[107] *Paul Schmitthenner: Das deutsche Wohnhaus, Stuttgart 1932.*

Haus Kienzle wirkt dank axialsymmetrischer Fassadengliederung, hoher Torpfeiler und einer Gartenhalle mit Säulen und Rundbögen herrschaftlich und aus der Zeit gefallen. [108] Die traditionelle Moderne hat vor allem beim Wiederaufbau des Rheinlands durch die Aachener Schule zeitgemäßere und modernere Lösungen gefunden als Paul Schmitthenner in Baden-Baden [109], beispielsweise das bereits im Vorwort erwähnte Haus Brühl (Abb. 1).

Die offensichtlichen Unterschiede zwischen der Villa Schmitthenners und den beiden Villen Eiermanns in Baden-Baden haben neben den formalen auch gesellschaftlich-politische Aspekte. Die auf der klassischen Moderne fußende Nachkriegsmoderne hat sich trotz der Verwicklung vieler ihrer Hauptakteure in das NS-System zum Stil der Bundesrepublik entwickelt, weil sich deren Vertreter mit dem jungen Staat identifiziert haben. [110]

---

[108] Siehe auch: Voigt, Frank, Paul Schmitthenner, S. 203.

[109] Marco Kieser: Heimatschutzarchitektur im Wiederaufbau des Rheinlandes, Köln 1998.

[110] Natürlich waren Traditionalisten wie Paul Schmitthenner nach 1945 keine Gegner der Demokratie. Schmitthenners Gespräch mit seinem Schüler Diez Brandi 1965 über den Entwurf für seinen Soldatenfriedhof in Bourdon (Frankreich), dessen Hauptgebäude wie eine mittelalterliche Festungsanlage wirkt, zeigt aber, wie sehr er in der Vergangenheit lebte. Hier der Link zum Filmdokument: Karl Friedrich Reimers: Paul Schmitthenner, Schloß Kilchberg 1965. IWF (Göttingen), 1965. https://doi.org/10.3203/IWF/G-102 (Stand: 1.10.2023).

3.4 Eiermanns Einfamilienhäuser im sog. Dritten Reich

„Mit den Wohnhausentwürfen der dreißiger und frühen vierziger Jahre begründete Eiermann seinen Ruhm“, urteilt Sonja Hildebrand. [111] „Eine vergleichbare Bedeutung sollten lediglich die in der Berliner Zeit entstandenen Industriebauten erlangen. Anders als die Industriebauten jedoch, an die Eiermann nach dem Zweiten Weltkrieg künstlerisch direkt anknüpfte, stellen die Einfamilienhäuser eine formal in hohem Maße geschlossene Werkgruppe dar, von der keine wesentlichen Impulse für Eiermanns Nachkriegswerk ausgingen.“

Gerade für die beiden Baden-Badener Villen ist die Vorbildfunktion der Wohnhäuser aus Eiermanns Berliner Zeit aber durchaus kennzeichnend, wenngleich es auch deutliche Unterschiede gibt. Die hängen aber eng mit der Tatsache zusammen, dass sich der Architekt in Baden-Baden nicht mehr mit den architektonischen Vorstellungen einer durch die Nazis gesteuerten Bauverwaltung arrangieren musste.

Zwischen 1934 und 1942 hat Eiermann zehn Wohnhäuser, die meisten in Berlin, erbaut. Daneben sind nicht realisierte Pläne für vier weitere Projekte und ein Idealentwurf entstanden. [112] Nach Wohnhäusern über einfachen rechteckigen Grundrissen in den Jahren 1934 und 1935 (Häuser Eiermann-Betsche und Henckels) wandte sich der Architekt komplexeren Grundrisslösungen zu, wie er sie auch später in Baden-Baden verwirklichte.

Hildebrand weist mit Recht auf den Einfluss von Frank Lloyd Wright hin, der die von ihm so bezeichnete Box in der Architektur ablehnte und den Kubus sprengte, vor allem auch in Form mehrflügeliger Anlagen. [113] Wichtige Beispiele im Werk Eiermanns sind Haus Bolle (1934/34), Haus Steingroever (1936/37) und Haus Vollberg (1938–42). Hildebrand hebt als gemeinsame Gestaltungsmerkmale der Wohnhäuser die klare Kubatur der Baukörper, die betonte Flächigkeit

[111] *Hildebrand 1999, S. 122.*

[112] *Hildebrand 1999, S. 87.*

[113] *Hildebrand 1999, S. 90.*

der Fassaden mit verhältnismäßig großen, zumeist bündig eingesetzten Fenstern, das akzentuierte Spannungsverhältnis zwischen Wand und Öffnung und die Beschränkung auf wenige architektonische Gestaltungsmittel hervor. Sie nennt weiterhin den Verzicht auf historisierende Formgebung und repräsentative Schauseiten. Auch japanische Einflüsse, wie sie in Baden-Baden eine gewisse Rolle spielen, habe es in der Berliner Zeit bereits gegeben. [114]

Eiermanns Architektur war modern und stand damit im Gegensatz zur Architektur, die das NS-System forderte. Beruflichen Erfolg erreichte er, in dem er sich auf Industriebau und Wohnhäuser konzentrierte. Gerade im Bereich der Wohnhäuser reizte er im Konflikt mit den Bauverwaltungen ständig aus, was die NS-Behörden gerade noch bereit waren, zu genehmigen. [115]

Unabhängig davon hatte Eiermann keine Skrupel, für Nazis zu arbeiten. Waldemar Steinecker, für den er 1939/40 ein heute zerstörtes Wohnhaus baute, war seit 1933 bzw. 1934 Präsident des Instituts für Deutsche Kultur und Wirtschaftspropaganda und Leiter des Amts für Ausstellungs- und Messewesen in Goebbels Propagandaministerium. Hildebrand vermutet, dass Eiermann Steinecker in Zusammenhang mit der Ausstellung „Gebt mir vier Jahre Zeit“ kennengelernt hat. [116]

Dass ein hoher Nazifunktionär wie Steinecker, der selbst gelernter Architekt war, Sympathien für moderne Architektur hegte, ist nur scheinbar überraschend. Die Gegensätze zwischen Faschismus und Moderne sind nicht so groß, wie dies gerne dargestellt wird. Die Anbiederungsversuche der früheren Bauhaus-Direktoren Gropius und Mies van der Rohe an das NS-System habe ich bereits geschildert.

---

[114] *Hildebrand 1999, S. 117.*

[115] *Hildebrand 1999, S. 110.*

[116] *Hildebrand 1999, S. 87.*

Zwar wird Propagandaminister Joseph Goebbels ein Faible für modernes Bauen nachgesagt [117], doch sein "Führer" Adolf Hitler wollte eine Blut-und-Boden-Architektur. Gropius zog die Konsequenzen und emigrierte 1934, während Mies van der Rohe noch bis 1938 vergeblich bei den braunen Machthabern sein Glück versuchte, bevor auch er Deutschland verließ.

Das Ansinnen, das Neue Bauen in den Dienst des sog. Dritten Reiches zu stellen, ist nicht so abwegig, wie es auf den ersten Blick erscheinen mag. In Mussolinis faschistischem Italien entstanden zahlreiche moderne Bauwerke, auch Le Corbusier stellte sich in Frankreich 1941 als Verantwortlicher für Städtebau in den Dienst des faschistischen Vichy-Regimes.

Doch Hitler, der seinen Baumeister Albert Speer im Größenwahn in Berlin ein „Germania“ in monumentalen Formen planen ließ, verabscheute die Moderne. Für Staatsarchitektur griff er auf neoklassizistische Formen zurück, für die Speer stand. Ansonsten bevorzugte er die traditionelle Moderne, die teilweise wegen ihrer Rezeption regionaler Bauformen auch Heimatschutzarchitektur genannt wird. [118] Dabei greift diese nicht – wie gerade auch von ihren Protagonisten kolportiert – nur auf regionale Formen zurück, sondern ist, wie die klassische Moderne, ein überregionaler Stil mit vielerlei Vorbildern.

---

[117] *Norbert Huse, Geschichte der Architektur im 20. Jahrhundert, München 2008, S. 46. Vittorio M. Lampugnani: Die merkwürdigen Abenteuer der Architektur unter Hitler und Mussolini. Weder rein noch reaktionär. In: Die Zeit, 27. Januar 1984.*

[118] *Ulrich Coenen: Das Bauhaus und die Siedlung Dammerstock. Die Planungen von Walter Gropius und Otto Haesler für Karlsruhe. In: Badische Heimat. Zeitschrift für Landes- und Volkskunde, Natur-, Umwelt- und Denkmalschutz 1 (2020), S. 88.*

3.5 Eiermann und die Bauaufgabe Wohnhaus nach 1945

„Ich wollte kein Wohnhaus mehr bauen" überschreibt Clemens Kieser treffend seinen Aufsatz über die beiden Villen Eiermanns in Baden-Baden. [119] Nach seinem Durchbruch in der jungen Bundesrepublik verlor der Architekt rasch das Interesse an den aus seiner Sicht aufwendigen Wohnbauten.

Heinz Knapp erinnerte sich im Juli 2021 im Interview mit mir, dass sich Eiermann während einer Entwurfsbetreuung gegenüber seinen Studenten dezidiert zu Wohnhäusern geäußert hat. [120] Die Planung eines Wohnhauses sei die komplizierteste Aufgabe für den Architekten, der sich nicht nur mit dem Auftraggeber, sondern auch mit der Auftraggeberin auseinandersetzen müsse, habe Eiermann gesagt. Er müsse ergründen, wie sich das Ehepaar das zukünftige Leben der Familie vorstelle.

Eiermann hat unmittelbar nach dem Zweiten Weltkrieg in Zusammenarbeit mit Pfarrer Heinrich Magnani in den Jahren 1946 und 1947 in Hettingen im Odenwald eine Siedlung für Heimatvertriebene mit zweigeschossigen Doppelhäusern mit rund 30 Wohneinheiten gebaut. Die schlichten Häuser entsprechen formal den einfachen Wohnhäusern, die Eiermann in den frühen 1930er Jahren geplant hat. Nach diesem Projekt wollte sich Eiermann dieser offensichtlich zunehmend als undankbar empfundenen Bauaufgabe entziehen. Großaufträge der Privatwirtschaft und der öffentlichen Hand seit den 1950er Jahren erschienen prestigeträchtiger und finanziell lukrativer.

Ein Schriftwechsel im Jahr 1959 mit dem Bankier Hans Feith, mit dem Eiermann bis zu diesem Zeitpunkt befreundet war, verdeutlicht, warum der Architekt von solchen Aufträgen Abstand nahm. Aus der Korrespondenz lässt sich erschließen, dass Eiermann für Hans Feith ein

---

[119] *Clemens Kieser: „Ich wollte kein Wohnhaus mehr bauen. Die Villenbauten Egon Eiermanns in Baden-Baden. In: Denkmalpflege in Baden-Württemberg 29 (2000), S. 254–260.*

[120] *Zur Biografie Knapps: Florian Neumann (Mitarbeit: Ulrich Coenen, Sandra Butscher): H. J. Knapp – Planen und Bauen, München 2012.*

Wohnhaus in Frankfurt geplant hatte, dieser aber die Pläne durch einen anderen Architekten überarbeiten ließ, weil sie ihm offensichtlich nicht traditionell genug erschienen. [121]

In einem Brief an Hans Feith vom 10. Januar 1959 bezeichnet Eiermann die überarbeiteten Grundrisse als „völlig indiskutabel". „Ein Salonhaus kann es nie werden", schreibt er dem „lieben Hans". „Das habe ich auch von Anfang an gesagt und sogenannte „repräsentative" Lösungen kann ich nicht. Der Wert einer Diele ist mir unbekannt. Nerzmäntel, die in Garderoben geklaut werden könnten, gleichfalls und ich spreche die Erwartung aus, dass Ihr nicht mit Leuten zu tun habt, deren Frauen solche Dinger tragen. Sollte dies dennoch der Fall sein, bin ich der falsche Architekt."

Nachdem sich Hans Feith durch diesen Brief nicht von der Überarbeitung der Pläne abhalten ließ, wurde Eiermann in einem Schreiben vom 22. Juni 1959 noch deutlicher. „Es muss also unterstellt werden, dass eine grobe Unterlassung eigens zu dem Zweck geschehen ist, um Änderungen am Bau, die ich nicht akzeptiere, auf diese Weise durchzusetzen", schreibt er an Hans Feith „Ich mache darauf aufmerksam, dass der Entwurf mein geistiges Eigentum ist und dass niemand das Recht hat, Änderungen an diesem Entwurf, ohne meine Zustimmung herbeizuführen. Ich muss leider so grob sein, zu untersagen, dass mein Name in Zusammenhang mit diesem Bau genannt wird." Darüber habe er auch das Bauaufsichtsamt in Frankfurt informiert.

Dass sich der Architekt nach diesen Erfahrungen schwer mit dem Auftrag der Familie Hardenberg in Baden-Baden tat, ist verständlich. „Eiermann stand der Bauaufgabe eines privaten Wohnhauses 1958 zunächst kritisch gegenüber und nahm den Auftrag des Grafen Hardenberg nicht ohne Zögern an", schreibt Kieser. [122]

Gerhard Kabierske, ehemaliger wissenschaftlicher Mitarbeiter des Südwestdeutschen Archivs für Architektur und Ingenieurbau (SAAI)

---

[121] *Egon Eiermann – Briefe des Architekten 1946–1970, hrsg. vom Institut für Baugeschichte der Universität Karlsruhe, Stuttgart 1994, S. 160–161.*

[122] *Kieser, „Ich wollte kein Wohnhaus mehr bauen", S. 254.*

des Karlsruher Instituts für Technologie (KIT), das Eiermanns Werkarchiv aufbewahrt, hat mich freundlicherweise auf ein weiteres Wohnhaus Eiermanns in Baden-Baden aufmerksam gemacht. Der Architekt hat bereits in den Jahren 1954 und 1955 für den Verleger Woldemar Klein, Herausgeber der Zeitschrift „Das Kunstwerk", einen Anbau an dessen Baden-Badener Haus in der Leisbergstraße geplant. Offensichtlich war Eiermann von diesem Anbau nicht sonderlich angetan, jedenfalls gab er ihn nie zur Publikation frei.

3.6 Villa Hardenberg (Hermann-Sielcken-Straße 47)

„Mein letztes Wohnhaus entstand 1938. Ich konnte und wollte dann auch keins mehr bauen", schreibt Egon Eiermann über die Villa Hardenberg. [123] „Die Unbekümmertheit der Jugend setzt sich nach meiner Erinnerung leichter hinweg über die Schwierigkeit einer solchen Aufgabe." Die bestehe darin, Menschen zu verbinden und deren Leben wertvoll zu machen, Lebensraum zu schenken und Glück zu formen. Daneben erscheine es einfach, Verwaltungsgebäude oder Fabriken zu bauen. Dem Ehepaar Günther und Maria Josepha von Hardenberg gelang es dennoch, Eiermann als Architekten für sein Wohnhaus in Baden-Baden zu gewinnen.

Die Villa Hardenberg entstand 1958 bis 1960 auf einem großen Grundstück südwestlich oberhalb der Stadt (Abb. 22 und 23). Eiermann gab der Villa einen regelmäßigen T-förmigen Grundriss, der das Baugelände in drei Abschnitte teilt. Der untere Trakt (Eiermann nennt ihn „Wirtschaftsflügel") erstreckt sich von der Hermann-Sielcken-Straße in Richtung Südosten. Halböffentlich ist die Auffahrt an der Nordseite („Vorfahrt- und Parkhof"), die allerdings von der Straße nicht einsehbar ist. An der Westseite entstand durch Aufschüttung ein intimer „Wohnhof". Der Quertrakt („Wohnflügel") trennt diese beiden Zonen vom großen „Spielhof" auf der Ostseite, der zentralen Terrasse und dem Freibad im Westen ab. Die Auffahrt wird im Bogen

---

[123] *Eiermann, Wohnhaus der Familie des Grafen Hardenberg, S. 1–12.*

unter die östliche Hälfte des Wohnflügels geführt, so dass die Bewohner in der Durchfahrt im Untergeschoss vor der Witterung geschützt aus dem Auto aussteigen können.

Die Villa trägt, im Vergleich mit Eiermanns Villen der 1930er Jahre ungewöhnlich, ein Flachdach. Die Vorkriegsvillen haben ausnahmslos geneigte Dächer. Die Villa Hardenberg ist in Abhängigkeit von der Topografie und künstlichen Aufschüttungen ein- bis zweigeschossig. Das Hauptgeschoss (Eiermann nennt es „Erdgeschoss") erhebt sich über einem „Hanggeschoss", wobei der westliche Teil des Wohnflügels nicht unterkellert ist. Im Hanggeschoss des Wirtschafts- und des Wohnflügels sind Räume der Infrastruktur (Heizung, Waschküche, Vorräte, Gartengeräte, Garage etc.) untergebracht.

Im Erdgeschoss des Wirtschaftsflügels befinden sich Personalwohnräume, Küche und im Bereich des Übergangs zum Wohnflügel der Speiseraum. Im Wohnflügel sind an der Westseite der große und kleine Wohnraum sowie die Elternzimmer und an der Ostseite Kinder- und Gästezimmer entlang des Spielflurs angeordnet.

Der T-förmige Grundriss der Villa Hardenberg ist für Eiermann nicht neu und hat Vorbilder in zwei Berliner Wohnhäusern. Die T-Form begegnet uns erstmals beim Haus Steingroever (1936/37). Allerdings wirkt das zweigeschossige Wohnhaus mit Satteldach in Berlin völlig anders als der Bungalow mit Flachdach in Baden-Baden.

Auch ein früher Entwurf Egon Eiermanns für Haus Vollberg in Berlin, dem ein ebenfalls T-förmiger Idealentwurf für das „Haus der Dame" (1938) voranging, zeigte einen T-förmigen Grundriss. Haus Vollberg ist das aufwendigste Wohnhaus, das Eiermann vor 1945 geschaffen hat und unterscheidet sich in seinem Anspruch und seinen Dimensionen, von den meist bescheideneren Projekten dieser Zeit. Damit ist es ein direkter Vorläufer der beiden repräsentativen Villen in Baden-Baden. [124]

---

[124] *vgl. Hildebrand 1999, S. 102–116. Siehe auch: Clemens Kieser: Wohnhaus Hardenberg, Baden-Baden 1958–1960. In: Annemarie Jaeggi (Hrsg.), Egon Eiermann (1904–1970) – Die Kontinuität der Moderne, Ostfildern-Ruit 2004, S. 178–181.*

Kieser spricht im Hinblick auf die Villa Hardenberg von einer bei Eiermann üblichen „klaren und schnörkellosen" Anordnung der verschiedenen Funktionen und Raumgruppen. Er verweist darauf, dass sich die beiden Gebäudetrakte nach beiden Seiten in den Garten öffnen lassen, „sodass im oft heißen Baden-Badener Klima eine gute Durchlüftung aller Räume gewährleistet ist." [125]

Zum Wunsch nach einem guten Klima passt allerdings nicht, dass das große Grundstück ohne Baumpflanzungen auskommt und nur im Randbereich von Hecken als Sichtschutz umgeben ist. Die Gesamtanlage wirkt ohne eine angemessene gartenarchitektonische Gestaltung beinahe ein wenig trostlos.

Eiermann verfolgte ein anderes Konzept der Integration der Architektur in die Landschaft, das er folgendermaßen beschreibt: „Um die mit großen, meist fest verglasten Fensterflächen versehenen Räume soll sich bald eine Hülle von Grün legen, ein aus rankenden Pflanzen gebildete und in ihrem Sinn natürlich-transparente Haut, die die Räume erweitern hilft." Eiermann vergleicht die Villa Hardenberg mit einem „verwunschenen Schloss". [126] Allerdings wurden Wände und vor allem Dach niemals, wie vom Architekten gewünscht, komplett berankt.

Immo Boyken weist, wie bereits in Zusammenhang mit dem Verwaltungsbau von Stahlbau Müller in Offenburg dargestellt, darauf hin, dass mit der zweischichtigen Fassadengestaltung des Warenhauses Merkur in Reutlingen (1952) erstmals in Eiermanns Werk ein Gestaltungselement zur Ausführung gekommen sei, das bereits für das Projekt des Sende- und Verwaltungsgebäudes für den Süddeutschen Rundfunk in Stuttgart im ersten Ausführungsentwurf 1950 vorgesehen gewesen sei. [127]

In der Villa Hardenberg fand das System dieser zweischichtigen Wand Eingang in den Wohnbau des Architekten. Dadurch unterscheidet sich die Baden-Badener Villa deutlich von früheren Wohnhäusern Eiermanns. Boyken berichtet, dass Eiermann die funktionalen Vorzüge dieser Umgänge immer wieder betont habe und nennt Kontroll-

---

[125] *Kieser, „Ich wollte kein Wohnhaus mehr bauen", S. 255.*

[126] *Eiermann, Wohnhaus der Familie des Grafen Hardenberg, S. 7.*

[127] *Boyken. In: Schirmer, S. 59–71.*

und Ausbesserungsmöglichkeit der Fassaden, Fluchtwege, Fensterreinigung oder Schutz vor Schlagregen und Sonneneinstrahlung. Er betont aber auch die ästhetische Komponente und spricht von einem „schwebenden Eindruck", der die Strenge der kubischen Geschlossenheit aufhebe. [128]

Daneben spielen aber auch die „Wechselbeziehungen zwischen Innen- und Außenraum" eine wichtige Rolle. Boyken spricht von einem „Filter" vor der eigentlichen Fassade, der ein „Gefühl von Geborgenheit" vermittle. Als mögliche Vorbilder nennt er die „historische Architektur Japans", namentlich den Shin Goten der kaiserlichen Katsura-Villa in Kyoto.

Wenig überzeugend erscheint hingegen Boykens Vergleich mit der Lustgartenfront von Schinkels Altem Museum in Berlin, das Eiermann aus seinen „Jugend- und Lehrjahren in Berlin und Potsdam" kenne. [129] Selbstverständlich haben Laubengänge in europäischen Wohnhäusern eine lange Tradition, so dass der Vergleich mit einem vom antiken Tempel beeinflussten Portikus wenig zielführend ist. Vor allem aus den 1920er Jahren gibt es wichtige Beispiele für Mehrfamilienhäuser mit Laubengängen, beispielsweise von Paul Frank in Hamburg und Duisburg oder von Hannes Meyer in Dessau, die für Eiermann eher Vorbildfunktion hatten.

„Das Haus ist im Grundsatz gemauert; einige Stahlstützen, die in den Fensterlaibungen verschwinden, halfen uns, die großen Glasflächen zu schaffen", schreibt Eiermann zur Villa Hardenberg. [130] Das Mauerwerk besteht aus braunrotem Ziegelstein, der außen und zum Teil auch innen unverputzt ist. Fenster und Türen bestehen ebenso wie die Wabenfenster aus Oregon-Pinie (Douglasie). Über den Ausgängen befinden sich Segeldächer aus Markisenstoff.

Kieser lobt die detaillierte Planung im Inneren und nennt beispielhaft die filigran entworfenen Treppengeländer. Er verweist auch auf die kreisrunden, polychromen Kachelbeläge der Fußböden, deren Vorbil-

---

[128] *Boyken. In: Schirmer, S. 65.*

[129] *Boyken. In: Schirmer, S. 66.*

[130] *Eiermann, Wohnhaus der Familie des Grafen Hardenberg, S. 9.*

der er im Fußboden der von Eiermann gebauten Kaiser-Wilhelm-Gedächtniskirche (1959–63) in Berlin sieht. [131] Die Möbel der Villa Hardenberg hat Eiermann entworfen.

3.7 Villa Eiermann (Krippenhof 16–18)

Der „Architekturführer Deutschland 20. Jahrhundert“ von Winfried Nerdinger und Cornelius Tafel stellt nur ein einziges Gebäude in Baden-Baden vor: das Wohnhaus der Familie Eiermann [132] (Abb. 24).

Ein weiterer Aspekt unterstreicht, dass dieser Bau der bedeutendere der beiden Baden-Badener Eiermann-Villen und das wichtigste Wohnhaus in seinem Gesamtwerk darstellt. Das Haus, das der Architekt für seine Familie und sich gebaut hat, ist ein „Kulturdenkmal von besonderer Bedeutung“ nach dem baden-württembergischen Denkmalschutzgesetz. [133] Die Villa Hardenberg ist lediglich ein „normales“ Kulturdenkmal. [134]

Die Baugeschichte des Hauses hat Karin Kirsch anhand von Bauakten und Gesprächen mit Ehefrau Brigitte Eiermann (geb. Feyerabendt) ausführlich dargestellt. [135] Nachdem Eiermann den Bau eines Wohnhauses, das sich beinahe klösterlich von der Umgebung abschirmen sollte, in einer Neubausiedlung am Willstädter Weg in Karlsruhe verworfen hatte, erwarb er 1959 vom Liegenschaftsamt der

[131] *Kieser, S. 255.*

[132] *Winfried Nerdinger, Cornelius Tafel: Architekturführer Deutschland 20. Jahrhundert, Basel, Berlin, Boston 1996, S. 375.*

[133] *Kulturdenkmale von besonderer Bedeutung werden in Paragraf 12 des baden-württembergischen Denkmalschutzgesetzes beschrieben. Sie haben überörtliche Bedeutung, sind national wertvolles Kulturgut oder werden aufgrund internationaler Empfehlungen geschützt.*

[134] *Diese "normalen" Kulturdenkmäler werden in Paragraf 2 des baden-württembergischen Denkmalschutzgesetzes beschrieben.*

[135] *Karin Kirsch: Die Neue Wohnung und das Alte Japan – Architekten planen für sich selbst, Stuttgart 1996, S. 160–190.*

Stadt Baden-Baden in einem Neubaugebiet im Nordwesten oberhalb der Stadt ein rund 1.800 Quadratmeter großes Eckgrundstück. Kirsch vermutet, dass Eiermann Abstand von der Hochschule und seinem Büro wünschte. [136]

Bis zu seinem Umzug nach Baden-Baden wohnte Eiermann mit seiner Frau Brigitte, einer Architektin, die er 1954 in zweiter Ehe geheiratet hatte, im heutigen Karlsruher Stadtteil Neureut zur Miete. 1956 wurde Tochter Anna geboren. In einem Brief sprach Eiermann 1960 im Hinblick auf das Haus in Neureut von einem entsetzlichen Milieu zwischen „amerikanischen Kasernen, Kiesgruben und Niemandsland". [137]

Vor seinem Umzug in das eigene Haus nach Baden-Baden war die Wohnsituation Eiermanns offensichtlich immer provisorisch, obwohl er ab 1940 in erster Ehe mit Charlotte Friedheim verheiratet war. Sein Sohn Andreas wurde 1942 geboren.

Fritz Jaenecke, von 1931 bis 1936 Eiermanns Büropartner in Berlin, besuchte Eiermann nach dem Krieg in Karlsruhe und konstatierte, dass dieser in seinem Zimmer nur ein paar primitive harte Hocker gehabt habe und „einen durchgesägten Baumstamm als Tisch, aber wie er sagte, „Deutschlands interessanteste Bauaufträge". [138]

Nach diesen Notlösungen waren Eiermanns Ansprüche an das eigene Haus in Baden-Baden hoch. Das zeigt sich in verschiedenen Planvarianten, in denen Eiermann um die optimale Lösung gerungen hat. Diese wurden unter anderem durch die sich verändernde Familiensituation bedingt. Eiermanns Mutter Emma, die gemeinsam mit der Familie in Neureut wohnte, starb 1959. Ein Jahr später starb die Schwiegermutter. Die Idee der Einliegerwohnung wurde aber in Baden-Baden dennoch verwirklicht. Baubeginn war am 1. August 1961. Bezogen wurde das Haus im August 1962.

„Die Absicht war immer, jedem sein eigenes Haus zu bauen", schreibt Brigitte Eiermann 1963. „Eiermann steht auf dem Standpunkt, dass

---

[136] *Kirsch, S. 162.*

[137] *Eiermann, Briefe, S. 110.*

[138] *zitiert nach Kirsch, S. 162.*

Lebensrhythmus und Lebensgewohnheiten es notwendig machen, jedem einzelnen Mitglied der Familie sein eigenes Haus, und sei es noch so klein, zu geben.“ [139] Zumindest bei der Villa Eiermann in Baden-Baden ist das nicht geschehen. Sie entspricht ausschließlich den Vorstellungen ihres Schöpfers.

Der Entwurf für die Villa auf dem Gelände des früheren Guts Krippenhof vom 13. Januar 1959 zeigt mit dem langgestreckten Baukörper entlang der Straße bereits die wesentlichen Merkmale des später ausgeführten Gebäudes. Im Sommer 1959 hatte Eiermann die Idee für einen zweiten Baukörper: das Atelierhaus. In diesem Entwurf taucht auch die Schottenbauweise auf. [140]

Die tragenden Wände werden bei einem Schottenbau in Querrichtung angeordnet, so dass die Außenwände in Längsrichtung von statischen Funktionen befreit sind und großzügig verglast werden können. Im Grunde stellt die Villa Eiermann eine Addition von fünf Modulen mit einer Breite von 4,01 Metern plus das nur etwa halb so breite Treppenhaus dar. Kirsch interpretiert dies als eine besondere Form der Idee „ein Haus für jeden Bewohner“. [141] Dies ist aber kaum der Fall, weil keineswegs für jedes Familienmitglied eines dieser „Reihenhäuser“ zur Verfügung steht. Mit dem Atelierhaus schuf Eiermann neben dem gemeinsam genutzten Wohnhaus der Familie ein separates Gebäude, das ausschließlich seinen Interessen diente.

Die Villa Eiermann wurde in einer Hanglage erbaut. Das Grundstück fällt gleich in zwei Richtungen ab. Dabei beträgt der Höhenunterschied bis zu sieben Metern. Darauf reagierte Egon Eiermann mit seinem Entwurf für ein Gebäudeensemble mit Haupthaus und kleinem Atelierhaus. Das langgestreckte Haupthaus ist an der Bergseite im Verlauf der Straße Krippenhof lediglich eingeschossig, an der talseitigen Gartenseite hingegen zwei- bis zweieinhalbgeschossig (Abb. 28 und 29).

---

[139] *Brigitte Eiermann: Egon Eiermann. Haus und Nebenhaus in Baden-Baden. In: Architektur und Wohnform 7 (1963), S. 297.*

[140] *Kirsch, S. 166.*

[141] *Kirsch, S. 166.*

Das turmartige Atelierhaus (Abb. 30), das an der Nordwestecke im rechten Winkel anschließt, ist dreigeschossig mit der Garage im Untergeschoss. Es ist mit dem Haupthaus durch eine aufwendige Freitreppe verbunden (Abb. 31).

Die weit überstehenden Dächer beider Häuser sind mit Wellasbest gedeckt und haben bewusst keine Dachrinne. Das Regenwasser fließt also in voller Gebäudebreite wie ein Wasserfall in die Kiesbeete um die beiden Gebäude.

Die Villa Eiermann hat drei völlig verschiedene Ansichten, die kaum vermuten lassen, dass diese zu ein und demselben Haus gehören. Die Fassade an der Straße am Krippenhof ist schlicht und unspektakulär. Sie ist eingeschossig über einem Sockelgeschoss und scheint zu einem Bungalow der 1960er Jahre zu gehören. Die weitgehend geschlossene Wand öffnet sich im Sockelgeschoss und im Hauptgeschoss jeweils nur mit langgestreckten querrechteckigen Fenstern zu Nebenräumen. Im Hauptgeschoss sind die Fenster unmittelbar unter der Traufe angebracht (Abb. 25 und 26).

Die Fassade gegen den Wendeplatz ist die bekannteste Ansicht der Villa. Sie wird durch das steil aufragende, turmartige Atelierhaus und den unscheinbaren fensterlosen Giebel des Haupthauses geprägt (Abb. 24 und 27).

Wiederum völlig anders erscheint die nicht öffentliche Gartenfassade. Relingartige schmale Balkone treten dort bei beiden Häusern vor die Gebäudefronten. Gemeinsam mit Schiebegittern im Erdgeschoss, weißen Sonnensegeln und den weit auskragenden Vordächern der flach geneigten Satteldächer bilden sie eine zwei Haut (Abb. 28 und 29).

Die Wände bestehen aus geschlämmtem sehr sorgfältig ausgeführtem Ziegelmauerwerk, die Decken sind in gehobelter Schalung betoniert. Eiermann wünschte ausdrücklich keinen Putz und keinen weißen Anstrich. In einem Brief vom 19. Februar 1962 teilte er Malermeister Fricke mit: „Sämtliche Wände (innen und außen unverputzt, in Backstein gemauert, werden dunkelgrau. [...] Die gleiche Farbe erhalten alle Betondecken. [...] Alle Holzteile, Fenster, Möbel, Türen und Holzdecken der Obergeschosse bestehen aus Oregon und werden farblos lackiert." [142]

Die Farbgebung führte nach Einsprüchen der Nachbarn zum Konflikt mit dem kommunalen Bauordnungsamt, nicht nur wegen der dunkelgrauen Schlämme der Außenwände, sondern auch wegen der Farbigkeit des Wellasbestdachs, dass je nach Himmelrichtung hell- (Süd und West) oder dunkelgrau (Nord und Ost) gestrichen werden sollte. Die Behörde forderte am 6. Juli 1962 einen einheitlichen dunklen Farbton für das Dach, der sich der Umgebung anpasse. Auch die Farbgebung der Außenwände wurde moniert.

Eiermann reagierte in einem Brief vom 12. Juli 1962 an das Bauordnungsamt verärgert. „Ein solches Schreiben ist mir in meiner ganzen beruflichen Tätigkeit noch nicht zugegangen. Dass es ausgerechnet meinen persönlichen Bau betrifft und in einem Lande geschieht, dessen Architektennachwuchs ich an der Technischen Hochschule des Landes erziehe und beeinflusse, berührt mich besonders merkwürdig."

Eiermann schaltete für die weitere Korrespondenz mit dem Bauordnungsamt einen Rechtsanwalt ein. Außerdem schrieb er am selben Tag an Oberbürgermeister Ernst Schlapper, in dem er die Villen-Neubauten der Stadt als „unteres Mittelmaß" bezeichnete und seine Bedeutung als international tätiger Architekt betonte. „Ich will mir, weiß Gott, mit meinem eigenen Haus kein Monument setzen, aber immerhin dokumentieren, dass ein in dunkleren Tönen gehaltener Bau der Badener Landschaft besser ansteht als die Putzbauten, die mit ihrem ewigen Weiß und den kränklichen Versuchen, mit kunstgewerblichen Gags Interesse zu erwecken, das Grün Baden-Badens wie mit Haifischzähnen zerhacken, statt es zu binden", konstatierte er. [143]

Nach einer Begehung durch das Bauordnungsamt kam es zum Kompromiss. Die grauen Außenwände durften bleiben, bei den Dächern bestand die Stadt aber auf ihrer Forderung.

Das Wohnhaus der Villa Eiermann gliedert sich in fünf Schotten, die durch das Treppenhaus in zwei asymmetrische Abschnitte gegliedert

---

[142] *zitiert nach Kirsch, S. 170.*

[143] *alle Zitate nach Kirsch, S. 170.*

werden. Nördlich des Treppenhauses befindet sich im Hauptgeschoss das Wohnzimmer, das sich als größter und höchster Raum des Hauses über zwei Schotten erstreckt und außerdem eineinhalbgeschossig ist. Wo die beiden Schotten zusammenstoßen, befindet sich der zentrale Kamin. Die Decke, die sich zum Balkon an der Gartenseite mit einer hohen Voute öffnet, ist mit Oregonholz verkleidet, so dass der spektakuläre Blick ins Oostal unbehindert ist. Das Wohnzimmer ist der einzige Raum des Hauses, der die komplette Tiefe des Gebäudes einnimmt (Abb. 33).

Unmittelbar unter dem Wohnzimmer befindet sich im Untergeschoss eine ursprünglich offene Loggia, die sich zum Garten öffnete. Brigitte Eiermann spricht von einer „überdeckten Terrasse“. [144] Entlang der Straße sind dort die beiden einzigen Kellerräume des Hauses mit der Heizung angeordnet.

An das Wohnzimmer, das das ideelle Zentrum der Villa ist, schließt südlich das Treppenhaus an. (Abb. 35) Dieses vermittelt zwischen den beiden unterschiedlich großen Abschnitten des Hauses beziehungsweise den Ebenen, die sich durch die Geländeneigung ergeben. Die Podesttreppe mit hellgrauen Betonstufen erschließt die beiden Gebäudeanschnitte, die jeweils um ein halbes Stockwerk versetzt sind.

Der Besucher betritt das Haus in der Achse des Treppenhauses über eine überdachte Außentreppe, die ins Hauptgeschoss führt. (Abb. 26) Über einen Nebeneingang unmittelbar darunter gelangt er ins Untergeschoss. Im Hauptgeschoss befindet sich rechts des Eingangs eine Garderobe, unmittelbar anschließend das WC. Alle Funktionsräume wie Bäder, Küche und Vorratsräume sind im Hauptgeschoss wie auch im Untergeschoss entlang der Straße angeordnet. Ein Mittelkorridor erschließt im Hauptgeschoss diese Nebenräume und die drei Zimmer von Egon, Brigitte und Anna Eiermann, die sich zum Garten mit einem Balkon öffnen. Die Zwischenwand der beiden Räume des Ehepaars ist geöffnet.

Ein Stockwerk tiefer befindet sich an der Straßenseite die zum Esszimmer an der Gartenseite offene Küche. Diese Räume bilden das geometrische Zentrum des Hauses. Vor das Esszimmer tritt an der

[144] *Brigitte Eiermann, S. 300.*

Gartenseite wiederum in voller Breite eine gemauerte Terrasse. Küche und Esszimmer liegen ein halbes Geschoss tiefer als das Wohnzimmer. Eine große Öffnung in der Umfassungswand des Treppenhauses ermöglicht einen Durchblick vom Wohnzimmer zum Esszimmer und sorgt damit für Transparenz zwischen den beiden um eine halbe Ebene versetzten Gebäudeabschnitten (Abb. 34 und 36).

Südlich schließt an das Esszimmer die Einliegerwohnung für die Mutter Eiermanns an, die ebenfalls durch einen zur Hauptwohnung offenen Mittelkorridor erschlossen wird. Die Einliegerwohnung mit Nebenräumen an der Straßenseite und zwei Zimmern mit Balkon an der Gartenseite hat einen separaten Eingang an der südlichen Giebelseite.

Das dreigeschossige Atelierhaus besteht nur aus einer Schotte mit der Doppelgarage im Erdgeschoss, einem Wohnraum in voller Gebäudetiefe mit Balkon gegen die Straßenfront im ersten Obergeschoss und einem Schlafraum mit Küche und Bad an der Straßenseite mit Balkon gegen die Gartenseite im zweiten Obergeschoss. Das Atelierhaus diente dem Individualisten Eiermann als Rückzugsort (Abb. 30, 31 und 39).

Gerhard Kabierske hat mich darauf aufmerksam gemacht, dass vor allem die künstlerischen Fotos von Horstheinz Neuendorff das Bild der Villa Eiermann geprägt haben. „Weltweit vielfach publiziert, führen die stark kontrastreichen Schwarzweißfotos in genau festgelegten Bildausschnitten die ungewöhnlichen Raumwirkungen mit ihrem inszenierten Übergang von innen und außen sowie die enge Bezogenheit von Architektur und dem ebenfalls von Eiermann entworfenen Mobiliar vor Augen“, konstatiert Kabierske. [145]

Das Innere des Wohn- und des Ateliershauses ist aber tatsächlich sehr viel bunter und verspielter. „Materialität und Farbigkeit verleihen dem Inneren eine angenehme Wohnlichkeit, die man bei einem Bau der avantgardistischen Moderne der Zeit um 1960 eigentlich nicht erwartet“, meint Kabierske. „Das überall verwendete amerikanische

---

[145] *zitiert nach: Ulrich Coenen: Egon Eiermann baute für seine Familie in Baden-Baden – Selbst für Klopapier galten die strengen ästhetischen Regeln. In Badische Neueste Nachrichten (Ausgabe Baden-Baden) 10. Februar 2021 (Nr. 33).*

Kiefernholz vermittelt Wärme. Der rötliche Farbton wird durch das Nebeneinander zum anthrazit überschlämmten Sichtmauerwerk aus Backstein geradezu zum Glühen gebracht. Und ungewöhnlich sind auch die Böden: Von Raum zu Raum kaum merklich differenziert, geht man wie über bunte Teppiche. Es handelt sich aber um Abertausende von verschieden großen Rundfliesen, dicht an dicht eingelegt in den Bodenestrich, unglasiert oder auch lebhaft farbig glasiert, partiell sogar zu blütenartigen Formen gruppiert."

Angesichts des floralen Musters ist man beinahe geneigt, von einer modernen Neuinterpretation des Jugendstils zu sprechen (Abb. 38).

3.8 Japanischer Einfluss

Eiermanns Schwärmerei für historische japanische Architektur wird, obwohl er Japan niemals besucht hat und die Gebäude nur aus Büchern kannte, in der Fachliteratur immer wieder thematisiert. Eiermann steht damit in der Tradition der modernen Begeisterung für das alte Japan, zu der vor allem Bruno Taut beigetragen hat. Auf der Flucht vor den Nazis emigrierte Taut 1933 nach Japan, wo er sich bis 1936 mit theoretischen Studien beschäftigte. Sein Buch "Nippon mit europäischen Augen gesehen" erschien 1934 und erlebte bis 1991 insgesamt 17 Auflagen. Damit stieß Taut in Japan auf großes Interesse. Das Buch war Eiermann aber nicht zugänglich, weil es in Deutschland erstmals 2009 erschienen ist. [146]

Zugänglich war Eiermann das deutschsprachige Buch "Das japanische Wohnhaus" des japanischen Architekten Tetsuro Yoshida, dessen erste Auflage bereits 1935 publiziert wurde. Yoshida und Taut waren befreundet und arbeiteten ab 1933 in Japan zusammen. Eine Neuauflage von "Das japanische Wohnhaus" erfolgte 1954, also wenige Jahre vor dem Bau der beiden Villen in Baden-Baden. [147] Dieses

[146] *Bruno Taut: Nippon mit europäischen Augen gesehen, hrsg. von Manfred Speidel, Berlin 2009.*

[147] *Tetsuro Yoshida: Das japanische Wohnhaus, Tübingen 1954.*

Buch gibt einen guten Überblick der japanischen Wohnhaus-Architektur und beschreibt auch ausführlich die Elemente, die Eiermann offensichtlich rezipiert hat.

Die Übernahme japanischer Elemente für die Villa Hardenberg und vor allem für die Villa Eiermann ist unstrittig, jedoch wird deren Bedeutung in der Fachliteratur überinterpretiert. In den Aufsätzen in der Fachzeitschrift „Architektur und Wohnform", in denen Egon Eiermann bzw. seine Frau Brigitte die beiden Häuser 1962 und 1963 vorstellen, erwähnen sie japanische Einflüsse nicht. [148]

Eberhard Schulz hat aber bereits 1964 auf japanische Einflüsse auf die Villa Eiermann hingewiesen: „Man betrachtet die Gartenseite und sieht das Japanische, das aus den liegenden, halb verschatteten Wohnzellen herausleuchtet, die Sublimierung der Maße, die sich aus Wiederholung und Variation ergibt, bis sich eine bestimmte Musik des Stimmungshaften herauslöst." Im Hinblick auf den Garten wird Schulz noch deutlicher: „Der Garten ist Japan in Deutschland." [149] Diese Interpretation der Architektur wurde seitdem von zahlreichen Autoren aufgegriffen, vor allem 1996 von Karin Kirsch in ihrem Buch „Die neue Wohnung und das alte Japan". [150]

Der Einfluss Japans auf die europäische Kunst begann mit dem Ende der Isolation Japans 1853 und betraf zunächst kaum die Architektur. Bruno Taut glaubte dennoch bei seinem Aufenthalt in Japan ab 1933 eine Verwandtschaft zwischen dem Neuen Bauen in Europa und der traditionellen japanischen Architektur zu erkennen, obwohl weder er noch andere Protagonisten der Klassischen Moderne zuvor jemals in Japan waren.

Diese Verklärung darf jedoch nicht darüber hinwegtäuschen, dass der Japonismus in der Architektur meist nicht über eine Mode hinauskam, die mit der Ägyptenmode des französischen Empire vergleichbar ist.

---

[148] *Eiermann, Wohnhaus der Familie des Grafen Hardenberg, S. 291–307. Brigitte Eiermann, Egon Eiermann. Haus und Nebenhaus in Baden-Baden, S. 291 ff.*

[149] *Eberhard Schulz: Der Prediger mit dem Reißbrett. Beispiele und Figuren der neuen Architektur, Stuttgart 1964, S. 33.*

[150] *Kirsch, S. 160–181.*

Dominique-Vivant Denon begleitete Napoleon Bonaparte als Wissenschaftler auf seinem gescheiterten Ägyptenfeldzug (1798–1801) und fertigte zahlreiche Zeichnungen und Skizzen von Gebäuden und Alltagsszenen an. [151] Sein 1802 veröffentlichtes Buch „Voyage dans la Basse et la Haute Egypte“ wurde ein riesiger Erfolg und löste eine Ägyptenmode in Kunstgewerbe und Architektur aus. [152] Wie beim Ägyptischen Porzellanservice der Manufaktur in Sèvres (1806), dem vielleicht bedeutendsten Beispiel, ging es dabei aber nie um eine ernsthafte Rezeption, sondern lediglich um Exotismus.

Der von Boyken für die Villa Hardenberg gezogene Vergleich mit dem Shin Goten der kaiserlichen Katsura-Villa in Kyoto [153] wurde in der Fachliteratur dankbar aufgegriffen. Boyken spricht im Hinblick auf die Galerien der Villa Hardenberg von einer „Doppelschichtigkeit“ der Fassade. Kieser nennt für die Villa Hardenberg außerdem die „japanisch anmutenden Wabenfenster aus Oregon-Pinie“. [154]

Die japanischen Einflüsse sind bei der Villa Eiermann größer als bei der Villa Hardenberg. Kieser weist auf die flachen Giebeldächer hin, bei denen in „Anknüpfung an japanische Tradition auf eine Dachrinne verzichtet wurde“. [155] Kirsch nennt die Villa Eiermann sogar das „japanischste“ der in ihrer Publikation untersuchten Objekte. [156] Doch

---

[151] *Ich habe während meines Studiums im Wintersemester 1982/83 am Kunsthistorischen Institut der Universität zu Köln im Hauptseminar „Malerei und Plastik um 1800 in Frankreich“ bei Prof. Dr. Gisela Zick eine Hausarbeit mit dem Titel „Die Ägyptenmode um 1800 in der Architektur und im Kunstgewerbe Frankreichs“ angefertigt und ein Referat gehalten.*

[152] *Dominique-Vivant Denon: Voyage dans la basse et la haute Égypte, pendant les campagnes du général Bonaparte, Paris 1802.*

[153] *Boyken. In: Schirmer, S 66.*

[154] *Kieser 2000, S 255.*

[155] *Kieser, S. 258.*

[156] *Kirsch, S. 160.*

wie japanisch sind die beiden Eiermann-Villen in Baden-Baden tatsächlich?

Die Parallelen zur Katsura-Villa sind eher oberflächlich. Das Gebäude ist seit der Beschreibung durch Bruno Taut legendär („Ich habe mich gefreut, wenn ich es bei Kennern immer wieder bestätigt fand, dass Katsura in seiner klassischen Größe der Maßstab für alles Japanische ist." [157]).

Doch sind die dortigen Galerien nicht die einzigen Vorbilder für die beiden Eiermann-Villen, es gibt auch europäische. Laubengänge begleiten die europäische Architektur durch viele Epochen und sind als Laubenganghäuser auch für das Neue Bauen typisch. Für die Dachüberstände der Villa Eiermann lassen sich neben japanischen Vorbildern auch landschaftstypische am Oberrhein feststellen, wo der Dachüberstand bis heute üblich ist. Interessant ist der Hinweis von Kirsch auf die fehlenden Regenrinnen, die in Kombination mit dem großen Dachüberstand nach japanischem Vorbild das Regenwasser auf voller Gebäudebreite in den Garten fließen lassen. [158]

Die Lektüre des Buches von Tetsuro Yoshida zeigt aber auch gravierende Unterschiede zum japanischen Wohnhaus, nicht nur formal, sondern auch im Hinblick auf das Baumaterial. In Japan werden Wohnhäuser traditionell in Holz ausgeführt. [159]

Das offensichtlichste japanische Element sind die Trittsteine im Garten. Unstrittig ist das Vorbild deshalb, weil Eiermann dies in seinem Brief an den Landschaftsarchitekten Jelinik vom 27. Juni 1962 ausdrücklich betont. „Die Wege sind keine Wege im üblichen Sinne, sondern Betonkanalröhren, die mit Kies gefüllt werden, der mit Zement verfestigt wird, so dass man ähnlich wie in japanischen Gärten von Stein zu Stein hüpft", schreibt Eiermann. [160] Er abstrahiert das Motiv der japanischen Trittsteine, in dem er das Material von Naturstein in

---

[157] *Taut, S. 20.*

[158] *Kirsch, S. 180.*

[159] *Yoshida, S. 118–126.*

[160] *zitiert nach Kirsch, S. 178.*

Beton übersetzt. [161] Diese starke Abstraktion ist typisch für Eiermanns Rezeption der japanischen Formen.

Die Villa Eiermann und auch die Villa Hardenberg sind sehr viel mehr Vertreter der Internationalen Moderne als des Japonismus. Japanische Einflüsse sind vor allem bei der Villa Eiermann feststellbar, sie sind aber keineswegs so prägend, wie dies in der Fachliteratur wiederholt dargestellt wurde.

3.9 Egon Eiermann und Baden-Baden

„Mein ganzes Glück hängt daran", schrieb Egon Eiermann am 4. November 1960 während eines mehrmonatigen Aufenthalts in einem Sanatorium am Tegernsee an seine beiden Mitarbeiter Rudolf Wiest und Abdullah Breshna. Anfang August 1960 hatte Eiermann einen Herzinfarkt erlitten. Die Planung für das Wohnhaus in Baden-Baden befand sich zu diesem Zeitpunkt in der finalen Phase und Eiermann drängte die beiden Mitarbeiter, die ihn zuvor im Sanatorium besucht hatten, zum verstärkten Engagement: „Ich bitte Euch mit aller Herzlichkeit: nehmt Euch dieses Hauses so an, dass wir bald zum Bauen kommen." [162]

Obwohl mit diesem Haus für seine Familie offensichtlich ein großer Wunschtraum in Erfüllung gegangen ist, wurde Eiermann in seiner Wahlheimat Baden-Baden niemals heimisch. Das gilt in gewisser Weise auch für seine Ehefrau Brigitte und seine Tochter Anna. Interviews, die ich mit dem Baden-Badener Architekten und Eiermann-Schüler Heinz Knapp und Anna Eiermann für meine bereits erwähnte Serie über die beiden Baden-Badener Villen in den Badischen Neuesten Nachrichten geführt habe, bestätigen diesen Eindruck.

„Egon Eiermann hat im gesellschaftlichen und öffentlichen Leben der Stadt keine Rolle gespielt", berichtet Heinz Knapp. Seine Frau Brigitte habe hingegen am kulturellen Leben teilgenommen. „Sie kam beispielsweise ohne ihren Mann zu Ausstellungseröffnungen in der

---

[161] *Zu den Trittsteinen in japanischen Gärten vgl. Yoshida, S. 168–192.*

[162] *zitiert nach Kirsch, S. 167.*

Kunsthalle", sagt Knapp. „Eiermann hat sich auch in den Diskurs zur Stadtentwicklung nicht eingebracht, ganz im Gegensatz zu seinem Karlsruher Professoren-Kollegen Otto Ernst Schweizer, der sich in sehr viel größerem Umfang in Baden-Baden engagiert hat." [163]

Dabei waren die 1960er Jahre in der Kurstadt eine Zeit des langsam einsetzenden Wandels. Ernst Schlapper, der sich durch einen rücksichtslosen Umgang mit der historischen Bausubstanz des 19. Jahrhunderts auszeichnete, war seit 1946 Oberbürgermeister in Baden-Baden. Ihm folgte 1969 Walter Carlein. Damit begann in Baden-Baden ein neuer Abschnitt der Stadtplanung, der von behutsamerem Umgang mit dem historischen Erbe geprägt war. Carlein, seit 1957 Leiter des städtischen Amtes für öffentliche Ordnung, gründete bereits 1966 den sog. „Montagskreis", der sich mit Fragen der Stadtentwicklung beschäftigte. [164]

Dies alles hat den viel beschäftigten Architekten Eiermann in seiner Wahlheimat nicht interessiert. Doch offensichtlich interessierten sich die Baden-Badener auch nicht für das Wirken ihres neuen Mitbürgers in der Kurstadt. „Der Bau der beiden Villen wurde kaum in der Öffentlichkeit wahrgenommen", erinnert sich Knapp. „Mehr noch die Villa Hardenberg als die Villa für die Familie Eiermann. Das neue Abgeordnetenhaus in der Bundeshauptstadt Bonn, das 1965 bis 1969 entstand, stieß in Baden-Baden auf deutlich mehr Interesse als die beiden Wohnhäuser."

Eiermann pflegte keinen Kontakt zu seinen ehemaligen Schülern, von denen nicht wenige Büros in Mittelbaden eröffnet hatten. „Wir Eiermann-Schüler hatten bis auf zufällige Treffen keinen Kontakt zu unserem ehemaligen Lehrer", berichtet Knapp. „Er hat sich zurückgezogen und abgeschirmt gegenüber seinen Schülern. Ich habe sein Wohnhaus auch leider erst nach seinem Tod von innen gesehen."

---

[163] *Dieses und weitere Zitate aus: Ulrich Coenen: Eiermanns ganzes Glück hing an seinem Haus. In: Badische Neueste Nachrichten (Ausgabe Baden-Baden) = Folge 12 der Serie „60 Jahre Eiermann in Baden-Baden, 11. Februar 2022 (Nr. 34).*

[164] *Coenen, Von Aquae bis Baden-Baden, S. 586.*

Die mittelbadische BDA-Kreisgruppe, deren Vorsitzender Knapp ab 1971 war, bot aber noch zu Lebzeiten Eiermanns, ohne dessen Begleitung, Exkursionen nach Offenburg an. Dort wurden die Verwaltungsgebäude von Burda Moden und Müller Stahlbau besichtigt.

Die Erinnerungen der Tochter Anna Eiermann stützen die des Schülers Heinz Knapp. Anna Eiermann, geboren 1956 in Karlsruhe und ab 1962 aufgewachsen in Baden-Baden, arbeitet heute international als Kostümbildnerin in Theater- und Opernproduktionen. Sie hat Bühnen- und Kostümbild an der Universität der Künste in Berlin studiert und war von 2008 bis 2010 Professorin für Kostümbild an der Staatlichen Akademie der Bildenden Künste in Stuttgart. Nach dem Abitur 1975 hat Anna Eiermann Baden-Baden verlassen. Sie lebt in Berlin.

Die Villa Eiermann ist das einzige Wohnhaus, das der Architekt für sich und seine Familie in seinem langen Berufsleben gebaut hat. Er entwarf nicht nur das Haus, sondern auch das gesamte Mobiliar. „Mein Vater litt unsäglich unter jeglicher Form von Hässlichkeit“, erklärt Anna Eiermann. „Es bestand eine Dominanz der Ästhetik, die mich bis heute prägt. Es gab kein gemütliches Sofa, wenn es nicht gleichzeitig ästhetisch war.“ [165]

Eiermanns Vorliebe für das Schöne und Moderne erstreckte sich nicht nur auf die Architektur, sondern auf jedes Objekt in seiner Umgebung. „Hässliche Marmeladengläser auf dem Frühstückstisch, falsche hautfarbene Strumpftöne und auch das Klopapier unterlagen strengen ästhetischen Regeln, denn schon damals gab es dieses mit gestanzten Blümchen und ähnlichem“, berichtet Anna Eiermann. „Hinfort mit sowas! Das fand meine Mutter natürlich auch, und infolgedessen auch ich und das bis heute. Sogenannte Gemütlichkeit gab es nur, wenn diese der ästhetischen Kontrolle standhielt. Und das tut die Gemütlichkeit selten.“

„Ich weiß nicht, wieso wir nach Baden-Baden gezogen sind“, berichtet Anna Eiermann. „Ich war damals noch zu klein und wurde in diese Entscheidung nicht eingebunden. Abgesehen vom Grundstück, das

---

[165] *Dieses und weitere Zitate aus: Coenen: Egon Eiermann baute für seine Familie in Baden-Baden – Selbst für Klopapier galten die strengen ästhetischen Regeln.*

meinen Eltern eben wohl am besten gefiel, gab es da sicher den Einfluss des Hauses des Grafen Hardenberg. Egon schätzte vor allem die Gräfin sehr.“ [166]

Doch auch die Berliner Freunde in Baden-Baden spielten offensichtlich eine Rolle. Anna Eiermann nennt Ruth und Woldemar Klein, den Herausgeber der Zeitschrift "Das Kunstwerk", weiterhin die Galeristin Elfriede Wirnitzer und insbesondere den Fotografen Horstheinz Neuendorf und seine Frau Marion. „Die waren oft zu Besuch, und dann lachten alle immer schallend im Wohnzimmer und das drang hinauf in mein Kinderschlafzimmer“, erinnert sich Anna Eiermann. „Alles Berliner, natürlich. Und Berlin so weit weg!“

Im konservativen Baden-Baden war die Villa Eiermann ungewöhnlich. Anna Eiermann sind die Unterschiede zu den Elternhäusern ihrer Schulfreundinnen aufgefallen. „Wie vermutlich jedes Kind von sechs Jahren fand ich das Haus meiner Eltern vollkommen normal“, sagt sie. „So wohnt man eben. Bisschen groß vielleicht. Und Papi ist Papi und kein berühmter Architekt. Eben Architekt. Also alles normal.“ Eher „unnormal“ fand sie „die bürgerlichen Wohnungen mancher meiner Schulfreundinnen, bizarre Glasvitrinen mit geblümten Tellern, merkwürdige Teppiche mit Mustern und ungeheuer dekorierte Fenster“.

Kindgerecht war die Villa Eiermann, obwohl sie der Vater für seine Familie geplant hatte, aber nicht. Eiermann mochte es daheim traditionell. „Das Wohnzimmer durfte ich als Kind nicht allein betreten“, sagt Anna Eiermann. Diese Erziehung ist typisch für die 1960er Jahre, in denen auch Spielzeug im Wohnzimmer tabu war. „Mein Kinderzimmer war klein“, erklärt Anna Eiermann. „Das Leben im Haus war also für ein Kind nicht so luxuriös, wie der Grundriss vermuten lässt. Eigentlich war der Grundriss dem damaligen Familienleben voraus.“

Offensichtlich war, dass Eiermann bei seinen Nachbarn in Baden-Baden nicht willkommen war. Karin Kirsch berichtet von mehreren Einsprüchen bei der Stadt gegen sein Wohnhausprojekt im Jahr 1961.

---

[166] zitiert nach: Ulrich Coenen: Eiermann fühlte sich in Baden-Baden nicht zu Hause In: Badische Neueste Nachrichten (Ausgabe Baden-Baden) = Folge 13 der Serie „60 Jahre Eiermann in Baden-Baden, 12. Februar 2022 (Nr. 35).

Dem einen erschien das dreigeschossige Atelierhaus zu hoch, die anderen befürchteten zu viel Publikumsverkehr. [167]

Eiermann, dessen nicht realisierte Pläne für das Wohnhaus in Karlsruhe bereits für eine klösterliche Abgeschiedenheit gestanden hatten, reagierte darauf auf seine Weise. Er wolle auf jede Aussicht auf die Stadt und ihre Hügel verzichten und sich „einigeln", teilte er seinem Landschaftsarchitekten mit. Mit diesem kam es im Hinblick auf die Gartengestaltung zu Auseinandersetzungen, weil Eiermann dessen Kompetenz nicht akzeptierte und ihm verdeutlichte, wie er den Garten im Detail zu gestalten habe. Eiermann wollte einen "wilden" Garten ohne Taxus (die ihm verhasste Eibe steht heute auf der Roten Liste der gefährdeten Arten) und "ähnliche scheußliche Friedhofdinge". [168] Wie bei der Villa Hardenberg ließ sich die Natur aber nicht in das von Eiermann gewünschte ungezähmte Korsett zwängen. Der Garten wurde nie so, wie er es geplant hatte.

Brigitte Eiermann zog 1976, nur ein Jahr nachdem ihre Tochter Abitur gemacht und das Haus verlassen hatte, wieder zurück nach Karlsruhe. Das Haus wurde vermietet, zunächst an die Schlagersängerin Paola, und schließlich 1992 verkauft. [169] „Für mich war klar, dass ich nie mehr nach Baden-Baden zurückkehren würde", sagt Anna Eiermann.

3.10 Probleme der Denkmalpflege

Wenn eine denkmalgeschützte Villa 16 Jahre lang als Mietobjekt dient, tut das einem Gebäude selten gut. Vom originalen Mobiliar der Villa Eiermann, das Egon Eiermann selbst entworfen hat, ist heute mit Ausnahme der Küche nichts erhalten. Das liegt aber nicht nur an den Mietern und späteren Eigentümern. Brigitte Eiermann hat nach ihrem Auszug Möbel in die neue Wohnung nach Karlsruhe mitgenommen.

---

[167] *Kirsch, S. 169.*

[168] *Kirsch, S.177–178.*

[169] *Kirsch, S. 160.*

Dass ein späterer Eigentümer nicht immer subtil mit dem baulichen Erbe verfahren ist, deutet Karin Kirsch 1996 an. Der aktuelle Besitzer gehe „relativ behutsam mit dem Anwesen um“, urteilt sie. [170] So ging im Laufe der Jahre neben den Möbeln manches originale Detail verloren.

Die Loggia im Untergeschoss wurde mit Alufenstern geschlossen, die in keiner Weise zu den übrigen Holzfenstern passen. Die Lamellen der Fenster im Untergeschoss an der Straßenseite wurden im südlichen Gebäudeabschnitt ersatzlos entfernt (Abb. 26). Das Tauchbecken im Garten wurde mit Erde verfüllt (Abb. 28).

Die Farbigkeit im Inneren wurde zum großen Teil verändert. An die Stelle des anthrazitfarbenen Anstrichs trat in mehreren Räumen (beispielsweise Küche und Esszimmer) weiß, obwohl Eiermann eine solche Farbgebung bewusst vermieden hat (Abb. 34, 35, 36, 37 und 39).

Nach vielen problematischen Jahren für das Haus sind die jetzigen Eigentümer ein Glücksfall. [171] Thomas Nitschke und Heiner Oppermann erwarben die Villa im Sommer 2020. In ihrem Auftrag haben „NO W HERE Architekten“ (Karl Amann, Henning Volpp) aus Stuttgart das Haus mit großem Aufwand sorgfältig restauriert. Die Mosaikböden mussten aufwendig gereinigt werden. Die von Eiermann entworfene Küche aus Oregon, das letzte erhaltene Einbaumöbel, wurde vom Schreiner abgeschliffen und neu lackiert.

Die Restaurierung der Villa Eiermann wurde im Juli 2023 in die Longlist für den Preis des Deutschen Architekturmuseums (DAM) 2024 aufgenommen. Auf der Longlist befinden sich insgesamt 112 Objekte. [172] Im September 2023 wurde die Shortlist mit 23 Objekten bekannt

---

[170] *Kirsch, S. 160.*

[171] *Ulrich Coenen: Aus Hogwarts in eine Ikone der Moderne umgezogen. Die Villa Eiermann hat neue Eigentümer / Kulturdenkmal von besonderer Bedeutung wurde mit Sorgfalt restauriert. In: Badische Neueste Nachrichten (Ausgabe Mittelbaden) 11. September 2021 (Nr. 210).*

[172] *Ulrich Coenen: Für Architekturpreis nominiert - Berühmte Villa Eiermann in Baden-Baden wurde mit großem Aufwand saniert. In: Badische Neueste Nachrichten, 2. August 2023 (Nr. 176).*

gegeben, darunter die Villa Eiermann. Diese Auszeichnung unterstreicht das Engagement von Architekten und Bauherren, das allerdings von der Eiermann-Gesellschaft nicht anerkannt wird.

Auf der Homepage des DAM heißt es zur Preiswürdigkeit der Villa Eiermann: „An verschiedenen Stellen wurden zugemauerte Öffnungen freigelegt, um die ursprüngliche Raumfolge wiederherzustellen. Neue Einbauten, etwa in der Ankleide und im Flur und den Bädern, sind behutsam und reversibel eingefügt. Sie greifen Gestaltungselemente von Egon Eiermann auf. Die Heizungsanlage wurde durch moderne Technik ersetzt und die Elektroinstallation vollständig erneuert. Bei der Farbgebung der Innenräume wurde teilweise vom Konzept Eiermanns, der verschiedene Wohnräume in einem Grauton ausgeführt hatte, abgewichen und das von den Vorbesitzern verwendete Weiß beibehalten.“ [173]

Die Situation der Villa Hardenberg ist weniger positiv. Sie stand nach dem Tod von Maria-Josepha von Hardenberg 2008 für viele Jahre leer und wurde zum Kauf angeboten. Nachdem sich kein Käufer gefunden hat, wird die Villa seit 2020 wieder von einem Mitglied der Familie Hardenberg bewohnt. Mein Versuch, mit dem neuen Hausherrn Kontakt aufzunehmen, ist leider fehlgeschlagen. Eine Besichtigung der Innenräume war nicht möglich. Die Villa macht einen stark sanierungsbedürftigen Eindruck.

Das Landesamt für Denkmalpflege Baden-Württemberg hielt sich 2022 auf meine Anfrage im Hinblick auf die Zukunft der Villa bedeckt. Aus datenschutzrechtlichen Gründen könne man sich leider nicht äußern. Die Baden-Badener Stadtkonservatorin Nicole Schreiber berichtete von einem „laufendem Verfahren“, über das sie nicht sprechen könne. Der gesamte Vorgang gestalte sich schwieriger als bei der Villa Eiermann. „Wir würden uns eine andere Zusammenarbeit wünschen“, meinte sie. „Es gibt denkmalschutzrechtliche Anträge,

---

[173] Homepage des DAM-Preises, https://www.dam-preis.de/de/126/dam-preis-2024/nominierungen/?action=detail&id=1022 (abgerufen am 30. September 2023).

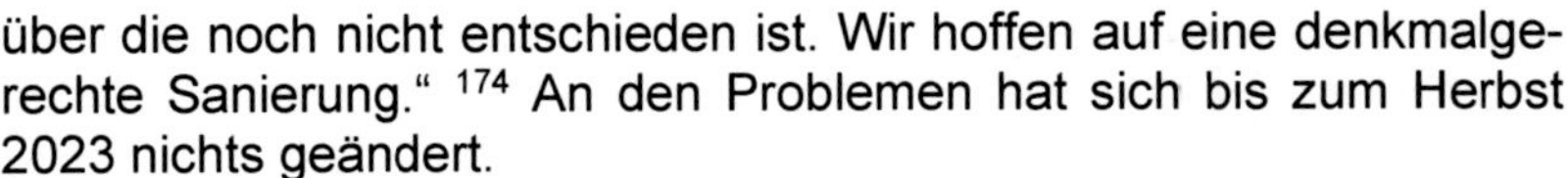
über die noch nicht entschieden ist. Wir hoffen auf eine denkmalgerechte Sanierung.“ [174] An den Problemen hat sich bis zum Herbst 2023 nichts geändert.

---

[174] *Ulrich Coenen: Zukunft der Villa Hardenberg ist ungewiss. In: Badische Neueste Nachrichten (Ausgabe Baden-Baden) = Folge 14 der Serie „60 Jahre Eiermann in Baden-Baden, 14. Februar 2022 (Nr. 36).*

4. Fazit

Die vier Gebäude von Egon Eiermann in Baden-Baden und Offenburg haben, abgesehen von ihrer Lage in den beiden größten mittelbadischen Städten, eine weitere Gemeinsamkeit. Sie sind alle innerhalb eines knappen Jahrzehnts zwischen 1953 und 1962 entstanden.

Die beiden Villen nehmen in Eiermanns Nachkriegswerk, das sein Hauptwerk ist, eine Sonderstellung ein. In seiner Berliner Zeit in den 1930er Jahren hat sich Eiermann zunächst verstärkt der Planung von Wohnhäusern gewidmet. Mit dem wachsenden Erfolg als Industriearchitekt verlor er das Interesse an dieser Bauaufgabe, die ihm aufwendiger und weniger lukrativ erschien.

Abgesehen von der Siedlung in Hettingen (Odenwald), die Eiermann 1946 bis 1948 realisiert hat, hat er nach dem Zweiten Weltkrieg lediglich zwei Wohnhäuser gebaut, die repräsentativen Charakter haben und in der Tradition der Baden-Badener Villenkultur zu sehen sind. Es handelt sich um die Villa Hardenberg und das eigene Wohnhaus, die beide um 1960 entstanden sind. Sie sind die wichtigsten Wohnhäuser des Architekten und stehen in ihrer Bedeutung vor den Wohnhäusern der Berliner Zeit.

Dies gilt insbesondere für die Villa Eiermann. Dieses letzte Wohnhaus des Architekten ist das bedeutendste, auch wenn es die gewaltigen Abmessungen der Villa Hardenberg mit ihrem Gesindetrakt, der inhaltlich ein wenig an das 19. und frühe 20. Jahrhundert erinnert, nicht erreicht. Es ist jedenfalls kein Zufall, dass diese beiden Villen ausgerechnet in der Kurstadt Baden-Baden entstanden sind.

Die beiden Gewerbebauten in Offenburg fügen sich hingegen nahtlos in das Nachkriegswerk Eiermanns ein, das vor allem durch Industrie- und Verwaltungsbauten geprägt wird. Grund- und Aufriss der beiden Gebäude, die sehr ähnliche Aufgaben für die jeweiligen Unternehmen übernommen haben, sind aber völlig unterschiedlich.

Das Verlagshaus für Burda Moden, das als das ältere der beiden Offenburger Objekte in den Jahren 1953 und 1954 errichtet wurde, ist als Prototyp seiner Zeit weit voraus und beeinflusste ein Jahrzehnt später zahlreiche andere Architekten. Die prägende Rasterfassade ist keine Vorhangfassade, sondern eine tragende Konstruktion mit zum Teil vorgefertigten Teilen. Zeigen Eiermanns Industriebauten aus der Vorkriegszeit meist eine gemauerte Wand, so ist für Burda Moden das Raster mit einem tragenden Rahmen und einer Füllung charakteristisch. Unmittelbare Vorbilder sind die Ciba AG in Wehr (1948–52) und der erste Bauabschnitt der Vereinigten Seidenwebereien in Krefeld (1950–53).

Sowohl im Hinblick auf die Fassadengestaltung als auch auf den Grundriss unterscheidet sich das Verwaltungsgebäude von Stahlbau Müller grundsätzlich von Burda Moden. Das jüngere Gebäude für Müller (1958–61) wurde im Gegensatz zu dem langgesteckten riegelartigen Verlagsgebäude in der Art eines Punkthauses mit innerem Erschließungskern geplant. Die zweischichtige Wand mit umlaufenden Balkonen prägt die Fassaden und steht im Gegensatz zur reliefartigen Rasterfassade von Burda Moden. Für die Fassadengestaltung hat Eiermann ein Gestaltungselement seines Warenhauses Merkur in Reutlingen (1952) aufgegriffen.

In diesem Punkt gibt es eine Parallele zu den Wohnhäusern in Baden-Baden. In der Villa Hardenberg fand das System dieser zweischichtigen Wand fast gleichzeitig mit Stahlbau Müller in Offenburg auch Eingang in den Wohnbau Eiermanns. Auch die Gartenseite der Villa Eiermann, als letztes der vier Werke des Architekten in Mittelbaden, wird durch Balkone geprägt.

Eiermann hat weniger durch seine eigenen Gebäude als durch die seiner zahlreichen Schüler die Architektur Badens seit den 1950er Jahren nachhaltig geprägt. Die Eiermann-Schule weist dabei weit über die Fakultät für Architektur der damaligen TH Karlsruhe (heute Karlsruher Institut für Technologie) hinaus. Als „Übervater“ war Eiermann in Karlsruhe so wirkungsmächtig, dass er auch die Architektenausbildung am Staatstechnikum Karlsruhe (später Fachhochschule, heute Hochschule Karlsruhe) prägte.

Ein wichtiges Beispiel in Mittelbaden ist der 2020 verstorbene Bühler Architekt Dieter Wurm (Absolvent des Staatstechnikums von 1961), der ab 1964 für Schaeffler in Bühl sämtliche Verwaltungs- und Produktionsgebäude baute. Mehrere von diesen folgen mit ihren umlaufenden Balkonen eindeutig dem Vorbild des Verwaltungsgebäudes für Stahlbau Müller in Offenburg (Abb. 42).

„Schnörkel kann man sich nicht erlauben", sagte Wurm anlässlich seines 75. Geburtstags 2011 im Interview mit mir. [175] Die Architekten der ersten und zweiten Generation der Nachkriegsmoderne in Baden haben die Philosophie Eiermanns verinnerlicht.

---

[175] Ulrich Coenen. Schnörkel kann man sich nicht erlauben – Dieter Wurm wird heute 75 Jahre alt. In: Acher- und Bühler Bote 28. Juni 2011 (Nr. 146).

LITERATURVERZEICHNIS

Baumann-Wilke, Sabine: Die Kaiser-Wilhelm-Gedächtniskirche von Egon Eiermann in Westberlin. Entstehung und Bedeutung, Braunschweig 1988.

Beyer, Susanne; Bruhns, Annette: Bauen für Despoten? Interview mit Meinhard von Gerkan und Christoph Ingenhoven. In: Der Spiegel Special 4 (2008), S. 84–87.

Beyer, Susanne; Knöfel, Ulrike: Kann man gegen den Krieg sein – und trotzdem für Putin arbeiten? In: Der Spiegel 14 (2022).

Bosenius, Ard Christian: Egon Eiermann. Versandhaus Neckermann 1958–60. Architektur der Arbeit im Zeichen einer Demokratisierung des Konsums, Petersberg 2020.

Boyken, Immo: Egon Eiermann. German Embassy, Washington, Stuttgart 2004.

Boyken, Immo: Deutsche Pavillons, Brüssel 1958. Egon Eiermann/ Sep Ruf, Stuttgart 2007.

Brönner, Wolfgang: Die bürgerliche Villa in Deutschland 1830–1890, 2. Aufl., Worms 1994.

Coenen, Ulrich: Von Aquae bis Baden-Baden – Die Baugeschichte der Stadt und ihr Beitrag zur Entwicklung der Kurarchitektur, Aachen 2008.

Coenen, Ulrich: Fritz Haller und USM – Zur Bedeutung des Schweizer Architekten und Möbeldesigners für Bühl. In: Die Ortenau – Jahrbuch des Historischen Vereins für Mittelbaden 91 (2011), S. 61–88.

Coenen, Ulrich: Die Unmöglichkeit einfacher Zuschreibungen. In: Arch+ features 96 (2019) – Rechte Räume. Reaktionen, S. 215 f.

Coenen, Ulrich: Knapp hat in Mittelbaden Baugeschichte geschrieben - Sprecher der Architekten in Mittelbaden und einer der „Väter" des Michaelstunnels wird am Dienstag 90 Jahre alt. In: Badische Neueste Nachrichten (Ausgabe Baden-Baden) 25. August 2020 (Nr. 196).

Coenen, Ulrich: Das Bauhaus und die Siedlung Dammerstock. Die Planungen von Walter Gropius und Otto Haesler für Karlsruhe. In: Badische Heimat. Zeitschrift für Landes- und Volkskunde, Natur-, Umwelt- und Denkmalschutz 1 (2020), S. 82–94.

Coenen, Ulrich: Kurbäder und Kurarchitektur im 19. Jahrhundert. In: Hans W. Hubert, Anja Grebe, Antonio Russo (Hrsg.): Das Bad als Mußeraum. Räume, Träger und Praktiken der Badekultur von der Antike bis zur Gegenwart, Tübingen 2020, S. 201–218 (Text), S. 316–344 (Abbildungen).

Coenen, Ulrich: Egon Eiermann baute für seine Familie in Baden-Baden - Selbst für Klopapier galten die strengen ästhetischen Regeln (Sonderseite). In Badische Neueste Nachrichten (Ausgabe Mittelbaden) 10. Februar 2021 (Nr. 33).

Coenen, Ulrich: Aus Hogwarts in eine Ikone der Moderne umgezogen. Die Villa Eiermann hat neue Eigentümer / Kulturdenkmal von besonderer Bedeutung wurde mit Sorgfalt restauriert (Sonderseite). In: Badische Neueste Nachrichten (Ausgabe Mittelbaden) 11. September 2021 (Nr. 210), S. 42.

Coenen, Ulrich: Wie saniert man ein Gebäude von Egon Eiermann? Der Architekt Jürgen Grossmann will das ehemalige Verwaltungsgebäude von Müller Stahlbau in Offenburg erweitern. In: Acher- und Bühler Bote, 2. März 2022 (Nr. 50), S. 32.

Coenen, Ulrich: Braune Vergangenheit ist fast vergessen – Der Architekt Erich Schelling und der nach ihm benannte Architekturpreis sind umstritten. In: Badische Neueste Nachrichten, 12. Oktober 2022, (Nr. 223), S. 13.

Denk, Andreas: Der Traum des Architekten: Brigitte Eiermann über das Leben mit Egon Eiermann und das Wohnhaus in Baden-Baden (Interview). In: Der Architekt 7/8 (2004), S. 71–73.

Durth, Werner: Deutsche Architekten. Biographische Verflechtungen 1900-1970, 5. Aufl., Stuttgart und Zürich 2001.

Ehrhardt, Ingrid: Erich A. Schelling (1904–1986) – Ein Architekt zwischen Traditionalismus und Moderne, Frankfurt a. M. 1997.

Egon Eiermann – Bauten in Baden-Württemberg 1946–1972, hrsg. von der Egon Eiermann Gesellschaft, Karlsruhe 2001.

Eiermann, Brigitte: Egon Eiermann. Haus und Nebenhaus in Baden-Baden. In Architektur und Wohnform 7 (1963), S. 291 ff.

Eiermann, Egon: Wohnhaus der Familie des Grafen Hardenberg. In: Architektur und Wohnform 1 (1962), S. 1–12.

Eiermann, Egon: Briefe des Architekten 1946–1970, hrsg. vom Institut für Baugeschichte der Universität Karlsruhe, Stuttgart 1994.

Erich Schelling, Architekt 1904–1986. Mit einem Vorwort von Heinrich Klotz, München 1994.

Feireiss, Kristin (Hrsg.): Egon Eiermann – Die Kaiser-Wilhelm-Gedächtnis-Kirche, Berlin 1994.

Fröhlich, Elke (Hrsg.): Die Tagebücher von Joseph Goebbels, Sämtliche Fragmente, München, New York, London, Paris 1987.

Fuhs, Burkhard: Kurorte als Orte des geselligen Vergnügens. Anmerkungen zur Herausbildung einer neuen Unterhaltungskultur im 19. Jahrhundert. In: Anna Anavieva, Dorothea Böck, Hedwig Pompe (Hrsg.), Geselliges Vergnügen. Kulturelle Praktiken von Unterhaltung im langen 19. Jahrhundert, Bielefeld 2011, S. 27–40.

Gerbing, Chris: Leuchtende Wände in Beton. Die Matthäuskirche Pforzheim (1951–53) von Egon Eiermann – Ihre Vorbilder, ihre Vorbildfunktion, Regensburg 2013.

Hartung, Ulrich: Ein leidenschaftlicher Rationalist. Rezension zu Annemarie Jaeggi (Hrsg.): Egon Eiermann, Die Kontinuität der Moderne. In: Kunsttexte Nr. 3 (2005).

Hatje, Gert; Hoffmann, Hubert; Kaspar, Karl: Neue deutsche Architektur, Stuttgart 1956.

Herzog, Monika: Architekturführer Vogelsang, Köln 2007.

Hildebrand, Sonja: Egon Eiermann – Die Berliner Zeit. Das architektonische Gesamtwerk bis 1945, Braunschweig 1999.

Hildebrand, Sonja: Die Selbstgewissheit der Moderne: Zum 50. Todestag von Egon Eiermann. In: Deutsche Bauzeitung 154 (2020), 7/8, S. 12 - 13.

Hillebrecht, Rudolf: Gedenkworte für Egon Eiermann. In: Orden Pour le Mérite der Wissenschaften und Künste – Reden und Gedenkworte, Bd. 10, Heidelberg 1970/71, S. 138.

Huse, Norbert: Geschichte der Architektur im 20. Jahrhundert, München 2008.

Jaeggi, Annemarie (Hrsg.): Egon Eiermann. Die Kontinuität der Moderne, Ostfildern-Ruit 2004.

Joedicke, Jürgen: Architekturgeschichte des 20. Jahrhunderts von 1950 bis zur Gegenwart, Stuttgart 1990.

Kabierske, Gerhard: Egon Eiermann, Haus Eiermann, Baden-Baden. Photographien von Horstheinz Neuendorff, hrsg. von Axel Menges. Stuttgart, New York 2023. (Dieses Buch stand dem Autor während der Bearbeitung dieser Publikation nicht zur Verfügung. Beide Veröffentlichungen sind zeitgleich entstanden.)

Kähler, Gert: Ein Jahrhundert Bauten in Deutschland, Stuttgart und München 2000.

Kieser, Clemens: „Ich wollte kein Wohnhaus mehr bauen". Die Villenbauten Egon Eiermanns in Baden-Baden. In: Denkmalpflege in Baden-Württemberg 29 (2000), S. 254–260.

Kieser, Clemens u. a.: Kunst- und Kulturdenkmale im Landkreis Rastatt und in Baden-Baden, Stuttgart 2002.

Kieser, Marco: Heimatschutzarchitektur im Wiederaufbau des Rheinlandes, Köln 1998.

Kirsch, Karin: Die Neue Wohnung und das Alte Japan – Architekten planen für sich selbst, Stuttgart 1996.

Kivelitz, Christoph: Die Propagandaausstellung in europäischen Diktaturen, Berlin 1999.

Köpf, Peter: Die Burdas, 2. Aufl., Hamburg 2002.

Kultermann, Udo: Die Architektur im 20. Jahrhundert, 4. Aufl., Köln 1985.

Kraemer, Maximilian: Geometrische Leichtigkeit. Egon Eiermanns Verwaltungsgebäude für Stahlbau Müller in Offenburg. In: Denkmalpflege in Baden-Württemberg - Nachrichtenblatt der Landesdenkmalpflege 1 (2022), S. 64 f.

Lampugnani, Vittorio M.: Die merkwürdigen Abenteuer der Architektur unter Hitler und Mussolini. Weder rein noch reaktionär. In: Die Zeit, Nr. 5, 27. Januar 1984.

Lodders, Rudolf: Zuflucht im Industriebau. In: Baukunst und Werkfom – Monatszeitschrift für alle Gebiete der Gestaltung 1 (1947), S. 37–44.

Ludwig, Annette; Schmitt-Bergmann, Hansgeorg; Schmitt, Bernhard: Karlsruhe – Architektur im Blick, Karlsruhe 2005.

Matzig, Gerhard: Architektonische Gewissensfragen, Süddeutsche Zeitung, 11. 10. 2019, Online: https://www.sueddeutsche.de/kultur/vademekum-fuers-bauen-architektonische-gewissensfragen-1.4636468, Stand: 2.8.2022.

Mehlstäubler, Arthur: Egon Eiermann – Die Möbel. Ausstellungskatalog des Landesmuseums Karlsruhe, 3. Aufl., Karlsruhe 2017.

Muscheler, Ursula: Haus ohne Augenbrauen. Architekturgeschichten aus dem 20. Jahrhundert, München 2007.

Niemann, Leni: Landhäuser und Villen in Baden-Baden von 1800–1870. Eine Studie zur Baugeschichte des 19. Jahrhunderts, Karlsruhe 1953.

Neumann, Florian (Mitarbeit: Ulrich Coenen, Sandra Butscher): H. J. Knapp – Planen und Bauen, München 2012.

Nerdinger, Winfried; Mai, Ekkehard (Hrsg.): Wilhelm Kreis. Architekt zwischen Kaiserreich und Demokratie, München 1994.

Nerdinger, Winfried; Tafel, Cornelius: Architekturführer Deutschland 20. Jahrhundert, Basel, Berlin, Boston 1996.

Offenburg, Deutschland – Verwaltung eins Stahlbauwerks. In: AC – Internationale Asbestzement-Revue 3, 12. Jg. (1967), S. 30–33.

Petsch, Joachim: Baukunst und Stadtplanung im Dritten Reich. Herleitung, Bestandsaufnahme, Entwicklung, Nachfolge, München und Wien 1976.

Pehnt, Wolfgang: Egon Eiermann. Deutsche Olivetti, Frankfurt am Main, München 2019.

Roos, Dorothea: Der Karlsruher Architekt Hermann Reinhard Alker – Bauten und Projekte 1921 bis 1958, Tübingen 2011.

Rosseaux, Ulrich: Urbanität – Therapie – Unterhaltung. Zur historischen Bedeutung der Kur- und Bäderstädte des 19. Jahrhunderts. In: Baden-Baden – Bäder- und Kurstadt des 19. Jahrhunderts. Bewerbung der Stadt Baden-Baden als UNESCO-Weltkulturerbe. Workshop am 22.11.2008, Baden-Baden 2009, S. 49–51.

Schirmer, Wulf (Hrsg.): Egon Eiermann 1904–1970. Bauten und Projekte, 2. Aufl., Stuttgart 1988.

Schmitt, Karl-Wilhelm (Hrsg.), Architektur in Baden-Württemberg nach 1945, Stuttgart 1990.

Schmitthenner, Paul: Das deutsche Wohnhaus, Stuttgart 1932.

Schulz, Eberhard: Der Prediger mit dem Reißbrett. Beispiele und Figuren der neuen Architektur, Stuttgart 1964.

Speer, Albert: Erinnerungen, Berlin 1969, unveränderter Nachdruck, Berlin 2003.

Steel Company Offices, Offenburg. In: Architectural Design AD 6 (1963), S. 270–274.

Taut, Bruno: Nippon mit europäischen Augen gesehen, hrsg. von Manfred Speidel, Berlin 2009.

Trüby, Stephan: Rechte Räume – Politische Essays und Gespräche, Gütersloh, Berlin, Basel 2020.

Verlagsgebäude in Offenburg/Baden. In: Baukunst und Werkform 8 (1955), S. 680–684.

Verwaltungsgebäude eines Stahlwerks in Offenburg. In: Bauwelt: 52 (1961), S. 1099–1102.

Voigt, Wolfgang: Deutsche Architekten im Elsass 1940–1944, Tübingen und Berlin 2012.

Voigt, Wolfgang; Frank, Hartmut (Hrsg.): Paul Schmitthenner. Architekt der gebauten Form, 2. Aufl., Berlin 2021.

Yoshida, Tetsuro: Das japanische Wohnhaus, Tübingen 1954.

BILDTEIL

Abb. 1. Haus Brühl in Jülich-Merzenhausen, Architekt: Ernst Walther (1948/49).

Abb. 2. Total in Apolda, Architekt: Egon Eiermann (1938/39).

Abb. 3. Total in Apolda, Innenansicht, Architekt: Egon Eiermann (1938/39).

Abb. 4. Hallenbad der NS-Ordensburg Vogelsang in der Eifel, Architekt: Clemens Klotz (Baubeginn: 1934).

Abb. 5. Burda Moden in Offenburg, Architekt: Egon Eiermann (Baubeginn: 1953).

Abb. 6. Burda Moden in Offenburg, Haupteingang.

Abb. 7. Burda Moden in Offenburg, Fassade.

Abb. 8. Fakultät für Architektur des Karlsruher Instituts für Technologie (früher TH). Dort lehrte Egon Eiermann von 1947 bis 1970.

Abb. 9. Stahlbau Müller in Offenburg, Architekt: Egon Eiermann (Baubeginn: 1958).

Abb. 10. Stahlbau Müller in Offenburg. Zweischichtige Fassade.

Abb. 11. Stahlbau Müller in Offenburg, Haupteingang.

Abb. 12. Versuchskraftwerk der TH Karlsruhe (heute KIT), Architekt: Egon Eiermann (erbaut 1951–56).

Abb. 13. Blick über Baden-Baden mit der Stiftskirche im Vordergrund.

Abb. 14. Palais Hamilton in Baden-Baden. Architekt: Friedrich Weinbrenner (erbaut 1808).

Abb.15. Lichtentaler Allee in Baden-Baden.

Abb. 16. Museum Burda in Baden-Baden, Architekt: Richard Meier (erbaut 2002–04).

Abb. 17. Museum Burda in Baden-Baden. Rampe.

Abb. 18. Caracalla-Therme in Baden-Baden, Architekt: Hans-Dieter Hecker (erbaut 1983–85).

Abb. 19. Friedrichsbad in Baden-Baden, Architekt: Karl Dernfeld (erbaut 1869–77).

Abb. 20. Haus Kienzle in Baden-Baden, Architekt: Paul Schmitthenner (erbaut 1963–65).

Abb. 21. Siedlung Ooswinkel in Baden-Baden (Weststadt), Architekt: Paul Schmitthenner (Baubeginn: 1921).

Abb. 22. Villa Hardenberg in Baden-Baden, Architekt: Egon Eiermann (erbaut 1958–60).

Abb. 23. Villa Hardenberg in Baden-Baden.

Abb. 24. Villa Eiermann in Baden-Baden, Architekt: Egon Eiermann (erbaut 1959–62).

Abb. 25. Villa Eiermann in Baden-Baden.

Abb. 26. Villa Eiermann in Baden-Baden. Haupteingang.

Abb. 27. Villa Eiermann in Baden-Baden.

Abb. 28. Villa Eiermann in Baden-Baden. Gartenseite.

Abb. 29. Villa Eiermann. Gartenseite.

Abb. 30. Villa Eiermann. Atelierhaus.

Abb. 31. Villa Eiermann. Freitreppe neben dem Atelierhaus.

Abb. 32. Villa Eiermann. Blick in den Garten.

Abb. 33. Villa Eiermann. Wohnzimmer.

Abb. 34. Villa Eiermann. Blick vom Treppenhaus ins Esszimmer.

Abb. 35. Villa Eiermann. Treppenhaus.

Abb. 36. Villa Eiermann. Küche.

Abb. 37. Villa Eiermann, früheres Schlaf- und Ankleidezimmer des Architekten.

Abb. 38. Villa Eiermann. Fußboden.

Abb. 39. Villa Eiermann. Wohnraum des Atelierhauses.

Abb. 40. Heinz J. Knapp. Architekt und Eiermann-Schüler.

Abb. 41. USM-Gebäude in Bühl, Architekt: Fritz Haller (erbaut ab 1983 im Stahlbau-System Maxi).

Abb. 42. Verwaltungsgebäude der Firma Schaeffler in Bühl, Architekt: Dieter Wurm (erbaut ab 1964).

Abb. 43. Egon Eiermann mit Ehefrau Brigitte und Tochter Anna im Garten der Villa Eiermann in Baden-Baden.

Abbildungsnachweis

Alle Fotos (wenn nicht anders vermerkt): Ulrich Coenen

IBA Thüringen, Thomas Müller: Abb. 2 und 3

Archiv Anna Eiermann: Abb. 43